构建简约有效的课堂

小学道德与法治常态课教学策略探究

邱凯祥 ◎著

海峡出版发行集团 | 海峡文艺出版社
THE STRAITS PUBLISHING & DISTRIBUTING GROUP | Haixia Literature & Art Publishing House

图书在版编目（CIP）数据

构建简约有效的课堂：小学道德与法治常态课教学策略探究 / 邱凯祥

著 . －福州：海峡文艺出版社，2023.5

ISBN 978-7-5550-3334-9

Ⅰ.①构…　Ⅱ.①邱…　Ⅲ.①政治课－教学研究－小学　Ⅳ.① G623.102

中国国家版本馆 CIP 数据核字（2023）第 078932 号

构建简约有效的课堂

—— 小学道德与法治常态课教学策略探究

邱凯祥　著

出 版 人　林　滨

责任编辑　刘徐霖

出版发行　海峡文艺出版社

经　　销　福建新华发行（集团）有限责任公司

社　　址　福州市东水路 76 号 14 层

发 行 部　0591 － 87536797

印　　刷　泉州市现代印刷有限公司

厂　　址　泉州市丰泽区北峰工业区丰惠西 A 路 79 号

开　　本　880 毫米 ×1194 毫米　1/32

字　　数　167 千字

印　　张　7.5

版　　次　2023 年 5 月第 1 版

印　　次　2023 年 5 月第 1 次印刷

书　　号　ISBN 978-7-5550-3334-9

定　　价　48.00 元

如发现印装质量问题，请寄承印厂调换

深耕核心素养，探究教学策略

邱凯祥

　　思政课是落实立德树人的重要课程，道德与法治课程是义务教育阶段的思政课，它在提升学生的政治素养、道德品质、法治观念、人格修养等方面起重大作用。简约有效的小学道德与法治常态课如何构建？笔者从调动多元主体，丰富课程资源；丰富实践体验，促进知行合一；聚焦生态课堂，优化关键问题；践行生态理念，构建实施路径；培育规则意识，提升担当能力等五个方面考虑编写此书。力图通过课堂让学生文化浸润、思维发生、生命灵动、素养表现、学习可见。理念、策略、案例是本书的三个基本要素，也是该书的鲜明特色。

　　理念富有内涵。全面践行社会主义核心价值观，以《义务教育道德与法治课程标准》（2022 年版）为指南，落实立德树人的根本任务，体现政治性、思想性、综合性和实践性的特点。引领学生走进多彩多姿生命世界的同时，让学生多层次地认识生命、建构生命之信仰、实现生命之和谐，来源于生活但高于生活。

策略操作性强。该书的策略详尽，是新课程理念的具体化，有助于一线教师在实践中操作。教师在知识与技能的传递中，更加注重学生正确价值观的培养和健全人格的塑造。

案例鲜活生动。书中的案例来自省市级公开课，有市教育科学研究院和区进修学校教研员的引领，是理论的外化，是具体可感的教学行为。

但是由于自己的水平有限，疏漏与错误也是难免的。我期待大家的批评与指正。

2022 年 11 月 18 日于厦门市民立第二小学

目　录
CONTENT

第三章　聚焦生态课堂，优化关键问题

第四章 践行生态理念，构建实施路径

第五章 培育规则意识，提升担当能力

第一章 调动多元主体，丰富课程资源

人文素养强调两个方面，一个是"人"，指的是关心人，关心人现实的生存状态，关心人未来的发展空间；一个是"文"，指的是文明和文化，关注人类文明的延续和发展。人文素养是人文社会学科知识、能力、情感态度价值观在一个人身上的综合表现，具体来说包括以下几个方面：第一，了解文化，对中国文化和美德有一定的认识，具有一定的人文知识；第二，对于人的价值、意义、理想目标等有自己独特的认识；第三，重视德行修养，具有较高的道德水平和社会行为规范；第四，关注人的终身发展和社会价值的实现，关注社会的发展和人类信仰，自觉践行社会主义核心价值观。

第一节 发掘教学内容，提升人文素养

本文中主要研究的是小学生的人文素养，指的是小学生应该具备的基本品质和基本态度，包括学生个体的人文知识积累和思想品质素质，个体正确处理个体与他人、个体与集体以及个体与社会的关系的能力。

人文素养是 21 世纪对人才的基本要求，它关注人的生存和发展，关注人类文明的传承。小学道德与法治学科包含着丰富的人文知识和道德品质，是培养学生人文素养的重要平台之一。教师在分析人文素养内涵的基础上，分析小学道德与法治学科发展人文素养的有利条件，提出人文素养发展的有效策略。

一、小学道德与法治学科人文素养培养的有利条件

（一）课程理念与人文素养相吻合

小学德育的课程理念是以德育为核心，着眼于学生的终身发展，关注每一个学生的学习成长经历，关注环境对学生的影响，以培养创新能力和实践能力双重发展的高品质人才。这样的课程理念就与人文素质中关注人的生存状态和未来发展，关注学生价值观的健康发展相吻合，将人文素养的培养与小学品德相结合是时代的相求，也是学科不断发展的指导方向。

随着新课程改革的推行，小学道德与法治学科教学由知识传授向能力发展转变，由机械记忆向学生体验转变，由单纯注重知识向知识与能力、过程与方法、情感态度价值观等的全面发展转变，这就使得学科教学不仅要培养学生的知识储备，而且注重学生精神素质的发展，包括情绪情感等心理素质；学习方法、学习技能等终身学习能力的发展，与人文素养关注人的发展的理念相一致，这是人文素养提高的有效途径。

（二）学习内容与人文素养相吻合

小学道德与法治学科的学习内容基本上是与学生的生活密切相关的，包括社会生活的基本常识，中国民族的传统美德和故事，人际交往中的基本规则和待人接物的基本礼貌等，旨在培养学生观察社会、获取社会信息的基本能力，同时促进学生养成良好的行为，具备高尚的道德品德和民族精神，培养学生的爱心、责任心和意志等。它主要通过引入中国传统的道德故事和学生生活中的具体案例，引导学生展开讨论和分析，从而向学生传递一种正确的道德观和行为规范。社会学科是将人类文明的基本知识结合学生的生活，形成

各种案例，通过学生的自主学习和合作讨论，了解人类文明的精华，增加学生的人文知识，从而建立自己独特的知识结构，通过人文知识的熏陶，最终影响学生的人生观和价值观，影响学生对社会主义核心价值观的认识。

（三）教学过程利于人文素养的发展

人文素养的发展需要学生的情感体验，学生只有在参与课堂教学的过程中对所传递的价值观产生心理认同，才会在行为上表现出一种自觉性。随着新课程改革的不断推进，小学道德与法治学科的教学已经由传递的教师中心的讲授制向学生主体课堂转化，学生在老师的课堂教学中不再处于无声状态，不再是被动的接受者，而是在教师的指导下，以小组为单位展开自主学习，学生自己分析问题，自己搜集资料，自己解决问题，从而构建自主建构知识，在这个过程中学生可以充分地发表自己的观点，充分地和学生进行交流和辩论，通过知识的碰撞更正自己心中不正确的价值观和知识体系，在这样的课堂中，学生是课堂的主体，学生在课堂教学中积极参与、积极体验，这有利于小学生人文素养的发展。

二、小学道德与法治学科中人文素养培养的有效策略

（一）结合生活案例，增加人文知识

小学生人文素养的培养首先要向学生传递正确的价值观念，让学生知道作为一名合格的小学生，应该具备哪些道德品质，应该保持怎样的行为规范，应该具备怎样的心理品质，这些品质学生在小学阶段不一定能够内化认同并表现出一致的行为，但是一种正确价值观会随着学生的成长产生一种潜移默化的影响。人文知识的传递

依靠机械的教师中心传授法是不符合小学生的身心发展特征的，这种知识过于抽象，学生并不能完全理解其中的内涵，需要结合学生已有的生活经验促进学生的体验。例如，在《文明之母——印刷术》的教学过程中，教师考虑到印刷术的制作过程已经远离学生的生活，仅仅依靠单纯的知识讲解是无法实现的，这时教师引导学生自己制作印刷版，包括雕版印刷和活字印刷，用小刀刻字，然后撒上石墨粉在纸上印刷，让学生在体验中了解灿烂的中国文明。

（二）整合信息技术，丰富情感体验

信息化背景下，信息技术在小学各科中得到了普遍的利用，教师通过信息技术的便捷性丰富了教学的内容，扩展了教学的形式，也增加了学生的情感体验，这是发展人文素养的基本途径。例如，在《民族一家亲》的教学过程中，藏族文化相对于内地以汉族为主的小学生来说是陌生的，而且这种文化是无法通过语言的描述进行感受和传递的，这时就需要借助信息技术，通过多媒体技术向学生展示藏族的舞蹈，并引导学生自己感受和学习藏族舞，展示藏族的建筑，如布达拉宫等，让学生感受藏族建筑中的豪放和豁达；了解藏族同胞的信仰，明白为什么不少藏传佛教信仰者每年一步一跪不远千里到布达拉宫去朝拜的原因。这样的呈现会给学生不同的刺激，激发学生的情感体验。

（三）通过社会实践，实现社会价值

实践是人文素养的源泉和落脚点，只有经过不断地社会实践，学生的人文素养才能够与社会价值的实现联系起来，与社会的发展联系起来，也只有在实践中学生的心理意志才能够更加地坚定，才能够在功利性的社会环境中保持自己的初心。小学道德与法治学科

教学中要增加学生的实践，包括定期的义务劳动、烈士陵园扫墓、国家遇到巨大灾难时自己的奉献和付出等，在社会实践中教师要将每一次的活动落到实处，不可以完任务的心态来对待，教师的言行对学生人文素养的发展具有熏陶作用，只有在实践中踏实地干，学生才能够认同课堂教学中的价值观，才能够在实践中践行自己的价值观。例如，在《我为集体添光彩》的教学后，教师组织了两个活动，一个是"丰富集体文化"，每一个学生都要为集体做一件事，在一周的时间内完成，以丰富集体的文化；二是"集体力量大"，班级全体学生共同负责校园内的卫生，通过不同区域、不同时间段的分配，共同维护校园卫生，提高学生的集体荣誉感。

综上所述，小学道德与法治学科的课程理念、学习内容、教学过程与小学生人文素养的发展相吻合，是促进学生人文素养发展的有效途径，它能促进学生素质教育的发展。

第二节　在闽南文化资源的阳光里释放品德教学的魅力

课程资源是我国课程改革中的新理念之一，随着课程改革力度的不断加大，课程资源的重要性也日益凸显。课程实施的范围和水平，一方面取决于课程资源的丰富程度，一方面取决于课程资源开发的广度、利用的深度。充分开发和利用有价值的课程资源，是教师创造性教学的重要一环。

闽南文化是中华文化的重要组成部分，是闽南人的文化符号、文化收藏，它是与众不同的乡土文化课程资源，没有闽南文化的中华文化是不完整的。在对闽南文化课程资源开发问题的研究中发现，我们发现厦门地区闽南文化开发和利用中存在着课程资源不足，缺乏内部与外部支持，没有从学生成长共同体的视角建构一个合理的课程资源开发模式。本研究认为，要针对闽南文化开发现状，充分挖掘闽南文化内涵；明确闽南文化资源开发与运用是课程改革的需要、有效教学的需要、学生全面发展的需要、教师自我完善的需要；闽南文化课程资源开发的基本途径有拓宽教材资源，挖掘教师资源，发掘学生资源，利用家长资源，整合社区资源；品德课堂要充分链接闽南文化，让民俗文化、名胜资源、民间艺术、节日文化等进课堂，提升学生的情感体验；要把握住整体性、实践性、针对性原则。

引言：现代建构主义强调在学校、家庭、社会的有机联系中，创建一种开放的、浸润的、积极互动的学习文化，增强知识的弹性，促进学生知识的迁移。它强调学生要走出课堂，融于丰富多彩的生活中。陶行知的生活教育理论则强调"生活即教育""社会即学校""教学做合一"，要求人们要不断适应复杂多变的生活，在生活环境中接受新教育。国家在《基础课程改革纲要》提出三级课程管理体系，从国家课程政策层面留给地方课程开发的空间，增加了课程对地方、学校、教师、学生的适应性，强调学校必须创造性实施新课程，而课程目标的实现主要取决于课程资源的状况。道德与法治课程标准指出：道德与法治课程承担着学生品德形成和社会性发展的重要任务，课程资源不限于传统意义上的教材，要使学生广泛地接触和了解社会，充分开发、利用校内外的各种课程资源，以利于课程目标的达成。

闽南文化是中华文化的重要组成部分，有浓厚的地域性和闽南乡土气息。它是闽南人的文化符号、文化收藏，是维系闽南人亲情的纽带。在品德课堂链接闽南文化，成为孩子们成长中不可缺少的知识构成、心理认同，有利于绵延闽南人心中难于割舍的血缘、亲情。长期以来，闽南文化资源的开发主体中，主要依靠少数专家的现象，出现了教师、家长、学生、社会缺位的现象，我们的闽南文化课程资源的开发处于较低的水平，这是我们所面临的一个新课题。

挖掘、开发和利用闽南文化资源，因地制宜地运用在品德课程教学中，对接起有利于学生品德和行为习惯养成的学习环境，让学生经历探究闽南文化的过程，增强对家乡的了解与认同，获得亲自参与的积极体验，使教学成为学生体验生活、道德成长的有效过程。基于学生成长共同体课程资源的闽南文化课例研究，能够增强教师的合作意识，有助于创造新型的学校文化。该课例研究使教师的工作方式和指导学习的方式发生根本变化，使教师从个体走向合作，和学生、同事、领导、社区、家庭进行沟通与联系，促进相互间的理解。

一、课程资源概述

（一）课程资源的概念

广义的课程资源指利于实现课程目标的各种因素，也就是指课程与教学的信息来源，或者是指一切对课程有用的物力或人力。狭义的课程资源仅指形成课程的直接因素，也就是教学内容的直接来源。

（二）地方特色的课程资源

地方特色的课程资源，就是指我们出生、成长的地方的地域特色、自然景观、文物古迹、历史变迁、社会发展以及民间艺术、民俗风情等。它包括自然地理资源、人文历史资源和社会发展资源等，这是狭义的理解。广义的乡土资源还包括学生所在学校的校园环境以及学生的家庭环境等。

（三）闽南文化资源

闽南文化资源是中华文化大家庭中的一员，是一代代闽南人在社会实践中不断挖掘、弘扬、创新的，它有机融入外来文化的特质和合理因素，有深厚的历史积淀和人文智慧，具有丰富的内涵、独特的性格、鲜明的地方特色。

二、闽南文化课程资源开发现状的调查

我国基础教育课程改革的力度不断加大，课程资源的重要性日益显现出来。厦门市几所小学已经有了地方特色的校本课程。例如：厦门市第二实验小学"闽南民间音乐"；何厝小学"延伸文化的根须，培育有根之人"特色校本课程；前埔南区小学"传承乡音乡情，弘扬闽南文化"；公园小学"弘扬闽南文化，构建多学科渗透体系"；人民小学"鼓浪屿文化"等一系列校本课程。然而，长期高度统一的计划体制使得我们很少接触到地方课程资源的概念，对于地方课程资源的研究刚起步，作为小学教育的一个重要内容，道德与法治课程的改革同样需要课程资源的支持，但我们对道德与法治课程资源的地位和作用重视不够，地方课程资源课例研究都落在任课教师的身上，造成大量的道德与法治课程资源未被挖掘，没有及时地被加以转化和进入实际。就厦门地区地方课程资源研究理论而言，呈现了一种研究力量不足的局面，仅仅靠学校和教师的力量是不够的，还需要社会有关机构、团体和家庭的理解与大力支持。然而，由于多种原因，教师在教学中往往难以得到他们的理解与支持，家长不

支持的情况在教学中就比较普遍。

三、闽南文化课程资源开发的基本策略

（一）闽南文化课程资源开发的基本途径

1. 拓宽教材资源，激活文本再创造

教材不是唯一的课程资源，要让教材富有生命力，真正体现品德课程的生活化，教师必须根据学校实际、教学活动的需要、学生发展的需要，结合自己的特点与个性，大胆调整教材顺序，重新激活文本进行再创造，合理删除对学生作用不大或者距离较远的文本，把一个个充满本地气息的资源链接到教材中，展示给学生不同的学习视角，拨动学生的心灵，促进学生形成认识社会的整体视野。让教学更加符合学生需要，贴近学生实际。

《用心体会家乡》这一课题，是以来自四川的辛蓉介绍自己的家乡展开的。学生去过四川的少，我们把课程内容替换成《我们生活的地方真美》。教学时，教师先化身为导游，带着学生们一起游览厦门以及鼓浪屿的美景，直截了当地导入了本课的正题。让学生跟着教师这个导游一起感受厦门的美，也以此激发学生的兴趣。接着，让学生在小组内说一说自己的记录，再以小组为单位来分享。引导学生明白厦门、家园、校园的美、整洁都是人们的功劳，将一切的美丽都归结在人，最后再引导学生说出他们身边美丽的厦门人，情感得到升华。本课的教学，除了让学生感受厦门的美景，还让他们心存感恩，学会感谢为大家默默付出的人。

2. 挖掘教师资源，凸显课程主体性

教师是课程资源开发的主体，可以从两方面体现出来的：一方

面教师要根据课程资源开发的需要，借助各种开发平台，向学生呈现不同的教学资源，创设不同的教学情境，根据学生的生活实际，指导学生有目的、有计划地开发和利用课程资源。另一方面教师本身就是一种重要的课程资源，教师的思维方式、心理素质、价值观念、专业素养、人格魅力就是课程资源。教师要根据课程开发的实际情况作出客观的价值评判，显现出教师在课程开发中的主体性。

闽南是红土地，教师可以挖掘到闽南文化中涌现的闽籍将领们、革命志士的成长历程。教师执教《冲破黎明前的黑暗》一课，智慧地将学校校本课程材料《红色记忆》引入道德与法治课堂，阅读《红色记忆》了解刘惜芬烈士的事迹资料及后人缅怀她的诗篇，在课中播放了一段刘惜芬烈士在英勇就义前气宇轩昂地与敌人对话的录音资料，学生在教师营造的氛围中感受到国民党特务的威胁、利诱、迫害，都没有能动摇革命烈士追求正义、自由和解放的信念。他们依旧是那么坚定、大义凛然，展示了革命者勇敢无畏的英雄情怀。在"情感升华、联系自我"的教学环节中，作为刘惜芬大队的少先队员们纷纷表示烈士的革命精神将激励他们刻苦学习、发奋图强，更加热爱生活。

3. 发掘学生资源，创设生活化情境

学生作为活生生的生命个体和教育活动的主体，也是课程资源的活动载体。他们的认识水平、生活经验、学习主动性都是课程开发的重要组成部分。教师要着眼于学生的全面发展，创设互动的生活化情境，引导学生进入自己的真实世界中，与课程的具体内容之间建立联系，选择最能体现本地资源优势，最有利于学生发展的课程资源。激发学生学习的内在动机，对自己的生活进行有目的的观察、感受、体验，从而展示课程资源的魅力。

笔者在教授《我们的动物朋友》主题三《我们的好朋友》时，生成了具有闽南文化特色的《我们的好朋友——白鹭》这一课题。学生利用多种渠道搜集关于厦门市市鸟——白鹭的信息，观察白鹭的外形及生活习性，鼓励学生贴近已有的生活经验，近距离观察白鹭，并搜集相关材料，让教材里的生活情境和学生真实的生活产生共鸣，进而收获真实的成长体验。本课例不仅帮助学生初步树立保护动物与自然的意识，更培养人与动物和谐相处，共建美好家园的情感，达到知情意行的融合统一。

4. 利用家长资源，增加开发的厚度

不同的家长有不同的职业、生活经历，他们对生活的体验各不相同，教师要充分鼓励家长积极加入到课程资源开发的主体中，把家长的情感链接到地方课程资源来，配合学校共同促进学生的成长，努力增加资源开发的厚度。教学中，我们可以请家长到课堂中来，请他们讲创业的艰辛，成长的历程和自己子女的情感寄托。建立起学校与家长，家长与学生之间爱的桥梁，这种心灵的沟通会使课堂教学效果更加真实有效。

《海上花园鼓浪屿——我们生活的地方真美》是二年级上册第四单元"我爱我生活的地方"中的第一个主题活动。笔者选择的教学内容是本主题的第二课时。课前根据学情进行调查，然后在家长的引导下分组落实，对学生课前调查的方法进行指导，学生和家长一起，收集大量的图片、音像资料。围绕自己生活的地方的美，展示自己看到过的美，激发学生对家乡的热爱，并立志建设家乡。笔者灵活运用教材，精心设计、充分调动家长的力量组织了一系列贴学生实际、儿童乐于参加的活动，让学生体验生活并获得新的生活体验点，教学目标顺利达成。

5. 整合社区资源，增进内容亲近感

随着社会民主化进程的推进，现代社会在人行为的调节与控制方面的角色越来越重要。这些由人建立、管理和操纵的社会组织，特别关注人的发展。社区是所大学，蕴藏着丰富的课程资源。社会公共设施和场所都是需要因地制宜充分利用的课程资源。教师要让有效的社区资源在各个研究主体之间流动，为学校补充各种欠缺的课程资源，充分展现其在课程资源开发中的重要价值，达到资源利用的最大化 。

《我爱我生活的地方》是二年级上册的内容。《最美丽的大学》这一教学内容是在第一个活动主题"我们生活的地方真美"中开发出来的基于地方特色的课程资源。本课教师学生一起走进被誉为"中国最优美大学之一"的厦门大学，通过"童眼看厦大""景美人更美""童心献厦大"三个环节，以文本为基点，联系儿童实际，及时把社会中新的信息等吸收到课程中，丰富了课程资源。教师引导学生进行现场模拟、讲故事、与厦大学子面对面等系列活动，调动学生已有的生活经验去探寻生活中的社会，加深他们对社会的认识与理解。从中了解厦门大学优美的环境、悠久的历史，萌发了小学生向往大学生活的小小愿望。笔者把静态的教学内容扩展到动态的生活中，整合文本、生活等资源，增进课程内容的亲近感。为学生认识社会、参与社会、适应社会，成为具有良好行为习惯和个性品质的社会主义合格公民奠定基础。

（二）品德课堂怎样链接闽南文化

1. 饮食文化进课堂，激发爱乡情感

厦门的饮食文化源远流长，蕴涵深厚的人文底蕴。厦门小吃品种丰富多样，风味独特，令人难忘。厦门小吃有200多种，其中黄则和的花生汤、吴再添海蛎煎、扁食嫂扁食、好清香肉粽都是中华名小吃。四年级的小学生已经基本接触到厦门的各种特色小吃，对接触较多的小吃有了初步的感知，并能从中获得快乐和需要。但是随着年龄的增长，学生的生活领域在不断扩大，逐步从家庭、学校扩展到社会。他们对生活的了解和掌握也在不断深化，面对不同的厦门小吃，在认知和情感体验上有一定的差异，老师应该给学生正确引导，激发他们认同家乡文化的情感。

笔者在《家乡，我为你骄傲》主题二"扎根在家乡的传统"课题2《乡风乡俗》的教学中链接课题《厦门小吃》。笔者设计了"猜谜导题""聊海蛎煎说吴再添小吃店的故事""老师展示海蛎煎制作过程""分组行动，创意设计广告、包装"等环节，教学环节层层推进，课堂教学氛围浓烈。如此教学设计，有利于培养学生良好的人文素养，有利于培养学生更好地认识社会、体验生活的能力，同时也有利于更好地实现地方课程目标。

2. 名胜资源进课堂，培养社会责任

大自然造就了闽南地区一处又一处美妙绝伦的自然景观，泉州的清源山、漳州土楼、厦门的鼓浪屿、南普陀寺、胡里山炮台……博大精深的闽南文化也铸就了比比皆是的文化景观。教师要将学生感兴趣的地方资源和品社教学进行整合，充分挖掘教材、相关资源和学生的生活经验，让学生的体验更真实、更丰富，引导学生在学习中临其境、知其源、表其情，让学生在迁移内化中经历自身的成长。

厦门、金门隔海相望，厦金两地地缘近、历史亲、风俗亲、血缘亲，引起了学生的探究欲望。笔者在上《宝岛孩子的心愿》时生成了《厦门、金门门对门》的地方资源整合课例。通过此课题的教学，充分挖掘教材、相关资源和学生的生活经验，以生为本地开展活动体验，在学习与践行的有机整合中，学生体会到浓浓的厦金情！教学中，笔者设计多个环节，加强学生体验感悟，同时，创设多种情境，帮助学生迁移内化："厦金地理图"的展示让学生感受到地理近；"看影片找相同"让学生感受风俗亲近；"抢答"环节让学生了解"历史相近、血缘相亲"；学生汇报"厦金交流情况"和教师展示"厦金青少年的交流情况"，让学生体验了"交流亲"；"配乐读诗"让学生感受对统一的期盼；"身边人盼统一"的视频播放，加深学生感悟；"写心愿"，再次将盼统一的心情落到笔处，升华爱国情感。

3. 民间艺术进课堂，提升情感体验

民间艺术是闽南文化的瑰宝，它博大精深，蕴涵深厚的地方资源。让民间艺术走进课堂可以拓宽学生的视野，并启发我们要立足家乡的实际情况，充分挖掘地方资源，引导学生走进生活、聆听乡音、感受乡情，品味民间传统文化体现出来的家乡人的思想、情感和性格，增强学生热爱家乡之情和民族自豪感，激发学生传承乡音乡情的责任感。

《乡音乡情》课文内容展示了一些地方戏剧、民间歌曲和民间乐器，如四川的变脸、蒙古族的马头琴等。笔者根据厦门学生的实际增加了《厦门乡音乡情》这一课题。课前，引导学生去搜集一些有关家乡民间音乐的资料，以丰富学生对于乡音的感性认识。课堂上，组织学生交流展示、探究体验，并设计了一系列升华学生情感的教学活动，如录像感知、情景体验、问题探究等，以"我会说方言——乡音知多少——乡情记心间"为活动主线，让学生在活动中体验，在体验中感悟乡情。从学生活动的整个过程，我们可以强烈地感受到传承民俗文化的紧迫性，闽南童谣表演这块博大精深的土壤需要有识之士去培植。学生从闽南童谣中感受家乡民间音乐鲜明的特色，增强学生的自豪感，激发学生热爱家乡之情。

4. 节日文化进课堂，鲜活品德课堂

中秋节是中华民族的传统节日，我国各地以祭月、赏月、吃月饼等风俗习惯来祝福团圆，庆祝中秋佳节。玩月饼博状元这富有闽南特色的风俗引起学生对中秋节来源及本土风俗探究的强烈欲望。四年级学生已经初步具备了主动学习、合作学习、自主探究的能力，并有一定的认知能力。对于老师提出的学习任务有主动完成的内驱力，他们能根据要求有序地展开交流讨论、解决问题，初步体验中华民族传统文化，感受家乡丰富多彩的节日文化。但是他们对较为复杂的中秋文化内涵理解比较少，这就要老师的帮助和引导，让他们通过老师引导和自己的探究，体验和发现生活中中秋搏饼的不平凡的学问。

笔者在《家乡，我为你骄傲》主题一"从家乡看祖国"课题3《来自不同家乡的文化瑰宝》的教学中增加《状元插金花》的课题。笔者用"中秋节"等具有较明显闽南特色的儿歌、活动视频等导入课题，为接下来的课堂教学活动创设良好的情境，引起学生的兴趣。请老教师走进课堂与孩子进行对话，这样的设计改变了传统教学中的课程概念。活动中呈现在学生面前的不再是冰冷的平面的教材，而是活生生的生命课程。带着这更深层的体会与感受走向生活，引导学生调查了解有关博饼的意义，课堂教学的终点不是在下课铃响的那一刹那，而是真正延伸到学生的生活中、生命里，为他们的终身发展服务展开活动——体验博饼的乐趣，让学生的生活积累与运用有机地结合起来，以驱动学生一颗颗灵动的心，诱发他们对闽南文化的热爱。

（三）闽南文化课程资源开发和利用的原则

1. 紧扣目标，注重整体性原则

目标是教师的教学灵魂，是课堂的方向，是判断教学是否有效的直接依据。道德与法治作为一门人与生活与自我与社会与自然交融为一体的课程，其课程资源开发必须服务与课程目标，立足于人的整体性，立足于课程的整体性。每一活动，都紧扣目标而设定，使学生在明确的活动目标的达成建立在上一环节教学的基础上，学生只有心灵经历了感动，才能在接受、认同的基础上表达自己的感受、态度和价值判断，有效地引导学生达成目标。

2. 服务学生，加强针对性原则

学生的知识与经验是课程资源的重要组成部分，任何课程资源的开发都要把它当成最终落脚点，所开发和运用的地方特色的课程资源必须立足学生实际，关注本地区学生的需要。通过学生的了解、感悟、内化、吸收，实现教学目标的达成。这样立足学生的实际开发教材，能不断地更新教学内容与形式，赋予教材以现实的生命力，使其产生强化践行的目的，让学生由知识的被动接受者转变为知识的主动建构者，使学生成为课程资源开发的主人。

3. 提炼生活，突出实践性原则

道德与法治是以学生的社会生活为基础的，具有很强的实践性。越贴近学生生活的地方课程越能激发学生的自主学习积极性，越能让学生有更深的体会与感悟，从而促进学生良好品德的形成。教师要以真实的生活环境为依托结，提炼生活场景，拉近学生在与社会生活的接触，让学生真实地去感受生活、了解生活。学生把更多的目光关注现实，关注社会，产生真实的感受和情绪体验，积累直接经验和智慧。学生在生活中，积极参与活动实践，是课程资源开发应遵循的一个基本原则。

第三节　开发课程资源，浸润品德课堂

课程改革不断推进，课改理念深入人心，课程资源的重要性与日俱增。现代建构主义强调生活就是教育，社会就是学校，要求人们不断适应生活，在社会、学校、家庭的有机联系中，创设互动、开放的文化学习氛围，增加知识的弹性；强调学生要到多姿多彩的社会中去感悟、内化和践行。国家《课程改革纲要》提出三级课程管理体系，强调学校必须根据校情开发和实施新课程。促进学生良好品德的形成，倡导学生过有道德的生活是道德与法治课程的重要任务之一。道德与法治的课程资源不能局限于传统教材，要与学生的生活实际链接，教师在教学中要充分挖掘闽南文化资源，让学生充分地体会到闽南人"爱拼才会赢"的精神实质，促进学生良好品德的形成与发展，向社会传递正能量。

一、拓展教材资源，激活文本生命

品德学科需要大量的教学资源来辅助，传统单一的教材难以激起学生们智慧的浪花，也难以将教学的针对性和实效性有机结合。教师不能按部就班，把教材中的生活事件、课程资源当作必须实施的教学内容，必须根据学校实际状况、学生发展的需要及教学活动的需要，结合自己的特点与个性，大胆调整教材顺序，合理删除对学生作用不大或者距离较远的内容，重新激活文本生命再创造；教师要努力传承闽南文化，把它渗透到道德与法治学科的教学中，浸润课堂。

小学生难于理解战争的概念，他们对战争的理解模糊。学生对南京大屠杀产生的背景、过程、后果了解甚少。上《不要忘记》的课题时，课前，教师引导学生搜集有关的历史资料，内容丰富翔实；课中，结合现代化信息手段层层引导学生走近那令中国人民永远无法忘却的画面，教学环节环环相扣，情境体验充分，教学效果明显。教师根据教材目标结合学生的年龄特点及生活经验，设定教学环节，选准教学策略，恰当地引入本地教学资源，引导学生交流资料，观看视频资料，让学生正确认识历史，激发他们对日军暴行的愤慨。此时，教师及时引入厦门五通万人坑，通过图片和影视资料的导入，学生的情感体验真实有效，爱乡爱国情感被激发。

二、挖掘教师资源，彰显主体特性

教师的主体性表现在一方面能依据学校课程开发的实际需要、学生的个性特点开发课程资源；另一方面教师本身就是课程资源，教师的知识技能、过程方法、情感态度价值观决定闽南文化资源的鉴别层次、开发深度、利用的广度。教师要协调各个主体之间的关系，努力体现"情感体验，迁引内化，强化践行"这一教学理念，学生在课堂中的行为表现和情感变化要充分关注。教师要精心选择有效的教学内容，有序地开发和利用闽南文化。

上《地球属于谁》的课题。教师设计了"了解食物链、了解地球的过去和现在、探究物种灭绝的事实和原因、叙述厦门白海豚保护区的故事"等环节；拉近学生与生活的距离，把中华白海豚引入课堂教学中，激发他们保卫环境、爱护地球的情感。这样的设计水到渠成，润物无声。学生通过听、说、看等形式体会感人故事中人物的美好行为和高尚品质，进一步自主思考，触动学生的心灵，引起情感的共鸣。

三、发掘学生资源，链接现实生活

教学活动中最关键的要素是学生。学生的心智水平、知识结构、生活背景等都是课程活动中最基本的资源。我们开发与利用课程资源应该考虑学生的生活实际、贴近学生的思想实际、关注学生的道德需求。资源的提示作用很重要，教师要以学生为主体，始终将学生置身于"发现者"的位置，致使学生在头脑中激活自己的生活环境并有所思考，根据自己的思考做出自己的结论，转化为自己的心智结构，让学生的道德之蕊在生活中绽放。

《白鹭》它源于《我们的好朋友》。本课遵循儿童的心理特点、认识水平，把儿童的现实生活作为课程主要内容，通过情景创设、小组探究等为载体，引导儿童在生活中认识白鹭。备课过程中，教师发掘出了厦门市市鸟——白鹭这一资源，既具地方特色，又贴近学生的生活。教学中，教师设计了"环境破坏，白鹭消失；白鹭老人，白鹭回归；做心愿卡，给白鹭一个家"等环节，教师引导学生利用多种渠道搜集关于白鹭的信息，观察白鹭的外形及生活习性，从而增进对白鹭的认识，感受白鹭的可爱。提升了学生爱护动物、爱护家乡厦门的情感，增强学生的环保意识，学生的探究合作的能力也得到了进一步提高。

四、利用家长资源，增加开发厚度

家长是可以开发的课程资源，他们有着不同的职业、不同的生活体验。教师要鼓励家长加入课程资源开发的队伍中来，将他们的情感、智慧链接到地方课程资源，形成学生成长共同体。教师可以请家长讲他们的心路历程、创业艰辛和对孩子的情感寄托，架设学校与家长、家长与学生之间的桥梁，建构真实感人的品德课堂，利于学生良好品德的形成。

《乡音乡情》的一课的教材中呈现了富有地方特色的戏剧、歌曲和乐器，有变脸、马头琴等等，教师要努力挖掘地方资源，要立足学生的生活实际，要鼓励学生走出课堂，体会乡情，聆听乡音，感悟家乡人的情感、性格和"爱拼才会赢"的精神实质，激发学生传承闽南文化的责任感。上课时，教师引领学生诵读古诗、品味乡音，情境的创设能不断增加学生的生活经验，学生深刻地体验乡音乡情，传承家乡文化的责任感油然而生。

通过研究，闽南文化课程资源开发的路径可归纳为拓展教材资源，挖掘教师资源，发掘学生资源，利用家长资源等。开发和利用闽南文化资源，让学生经历闽南文化探究的过程，增强学生热爱家乡的情感，使道德与法治教学成为学生亲历生活、砥砺德行的有效过程。

第四节 链接闽南文化，鲜活品德课堂

中华文化是由各民族文化构成的，民族文化以各地方文化为载体，地方文化、民族文化构成了多元一体的悠久历史灿烂的中华文化。保护、传承、发展优秀的中华文化，对弘扬中华文明，增强民族自信心、增进民族团结和维护国家统一都有着重要而积极的促进作用。闽南文化是中华文化的重要组成部分，是伴随着中华民族文明进程而形成的，具有浓厚的民族性和鲜明的地域性。闽南文化是闽南人的文化符号，是闽南人的文化收藏，是维系海峡两岸人民亲情的共同文化因素。如何在道德与法治教学中渗透闽南文化？发挥生命载体的主导作用整合闽南文化资源，把生活体验，活动探究，文本对话融入教学活动中：一是民俗文化进课堂，增进学生热爱家乡的情感。二是名胜资源进课堂，培养学生的社会责任感。三是民间艺术进课堂，提升学生的情感体验。四是节日文化进课堂，增加品德课堂的情趣。

一、特色鲜明的闽南文化

闽南文化经过一代代闽南人传承、发展与创新，建筑文化、民俗文化、民间文化、宗族文化、方言文化等等底蕴深厚。生活在现代城市——厦门的学生，耳闻目睹厦门的美景，感受到了城市的繁荣与活力。但从与学生的谈话中，笔者感到学生对厦门的了解还只是限于美景以及衣食住行等表面的认识，对于厦门的人文文化了解

得不够多。例如：旧城区街道名称的由来，老一辈厦门人喜爱的戏曲，厦门的茶艺文化……这些都是当代小学生不甚了解的，而它们正是我们厦门闽南文化的一块瑰宝。道德与法治学科教师，要抓住教材的空白点、课程的成长点、时代的切入点、儿童的关注点，把闽南文化融入学科教学中，保护、传承、发展闽南文化。

二、课堂上怎样开发和利用闽南文化

（一）民俗文化进课堂，增进学生热爱家乡的情感

厦门的饮食文化源源流长，蕴涵深厚的人文底蕴。厦门的风味小吃特点独特，历史悠久。厦门小吃有土笋冻、烧肉粽、五香、芋包、韭菜盒、芋枣、章鱼、油葱馃、卤豆千、卤鸭、蚝仔粥、面线糊等200多种。笔者在上《民风民俗》主题时，生成《我爱厦门小吃》课例，上课时，笔者有效地整合资源，课堂中笔者动手制作海蛎煎，学生介绍各类小吃，师生共同品小吃背后的故事。成功地将厦门特色小吃引进了课堂，可谓是一场视觉、嗅觉、听觉上的盛宴。老师把生活场景搬进课堂，展示海蛎煎制作过程环节的设计，增进学生的情感体验。

（二）名胜资源进课堂，培养学生的社会责任感

厦门的名胜资源众多。郑成功这个名字紧紧地把两岸民众维系在一起，他是海峡两岸人民共同景仰的民族英雄，他不仅在福建、台湾等地留下了众多的历史遗迹，还留下了丰厚的"郑成功文化"的精神财富。郑成功已经成为厦门文化的重要组成部分，它串起了厦门、台湾太多的故事，太多的情缘。学生的生活世界中有许多的郑成功元素：水操台、演武池、嘉兴寨、太平岩郑成功读书处、国

姓井、延平郡王祠、演武亭、郑成功文化节……笔者在教授《走近郑成功》时，让学生搜集材料，由《演武池遗址》视频引出"收复台湾"这一历史事件，结合进攻路线图，师生交流了战争的大致过程。教师利用历史资料，充分挖掘本土文化，发展学生的道德能力。

（三）民间艺术进课堂，提升学生的情感体验

闽南民间艺术底蕴深厚，品德课程教学要引导学生聆听乡音，感受乡情，品味民间文化当中体现出来的家乡人的思想、情感和性格。《乡音乡情》是《家乡，我为你骄傲》当中的第二个主题"扎根在家乡的传统"第一课时。在了解了家乡人的智慧、家乡传统与进步的变革，见识了来自不同家乡的文化瑰宝之后，笔者要引导学生开始转向厦门民间文化的探索。教师通过知乡音，识乡情；听乡音，感乡情；唱乡音，表乡情等学习活动让学生了解民间歌曲——《天黑黑》《丢丢铜》《爱拼才会赢》，感悟民间戏剧——南音、布袋戏、提线木偶，欣赏民间舞蹈——拍胸舞，体验民间手工艺品——漆线雕。课堂氛围浓烈，学生从心灵深处，自发地产生热爱家乡的积极情感。

（四）节日文化进课堂，增加品德课堂的情趣

传统节日更是经历了几千年沧海桑田的历史沉淀，深深烙印在中华文化这部厚厚的典籍上。各个地区节日里的活动多姿多彩，风格迥异，有不同的优秀文化内涵和价值取向。中秋博饼，是厦门所独特的民俗民情。每年的中秋节前后，各单位、家庭都会开展有趣的博饼活动。这活动何时才有，又是何人发明，又有什么象征意义呢？于是，笔者结合《乡风乡俗》课程的学习，生成了对这一主题内容的探究活动。通过课件画面以及背景音乐渲染，引导学生回忆刚过的中秋佳节精彩纷呈的民俗活动及其乐融融的家庭聚会，感受中国

佳节的温馨，品味传统文化的魅力。笔者设置了了解博饼的活动由来，博饼的知识了解、课堂现场博饼活动等环节。活动内容直接取材于闽南节日文化，学生了解了博饼的活动的历史，体验博饼的乐趣、感悟了闽南文化的文化意义和社会意义，起到了体验感悟、牵引内化的作用。

爱国必须爱乡，民族的凝聚力为此而生。教师要提高对课程资源的认识水平，加强对闽南课程资源的理论研究，强化在品德课程教学中渗透闽南文化，因地制宜地开发使用闽南文化，让闽南文化世世代代永续传承。

第五节　小学道德与法治教学渗透 优秀传统文化的实践研究

近年来，随着新课改和文化建设的不断推进，小学已经成为了中华优秀传统文化传承的主要阵地，并在一定程度上开阔了小学生的视野，使得他们的内在素养得到提升。教师应该意识到优秀文化在小学德育教育中的重要作用，让小学生更加热爱祖国传统文化，从而帮助学生确定正确的人生方向。在小学德育教学工作中，融入中国优秀传统文化，能帮助小学生形成正确的人生观、世界观和价值观，有利于他们的身心健康发展。因此，教师在德育教学过程中，应该积极转变自身的教学观念，有意识地渗透优秀传统文化，从而提高小学生的综合素质，塑造他们的心灵。本文就从优秀传统文化在德育教育中的新定位和实施的具体策略等入手，就如何在小学德育教学中渗透优秀传统文化元素提出了浅薄的建议。

一、优秀传统文化在小学德育教育中的新定位

（一）优秀传统文化是小学德育的重要内容

在我国漫长的发展历史上，优秀传统文化一直秉承"仁、义、礼、智、信"的基本理念，它在提高中华民族文化素养和道德水平方面有着重要的作用。随着时代的发展，小学德育教学的主要目的也逐步演变为小学生道德理念的提升和良好品质的形成，与传统文化之间有着千丝万缕的关系。教师在教学的过程中，应该意识到优秀传统文化是小学德育的重要内容，应该在传承和创新中，让小学生领悟到优秀传统文化的魅力，从而使他们对传统文化有一个全新的认识，同时教师也提升自己的德育教学水平。

勤俭节约是中华民族的优良传统。如学习"节约资源"时，教学大纲要求小学生具有节约用水、用电、用纸等的理念，并能在实际生活中做到对各种资源的节约使用。教师在教学的过程中，可引入历史上官员节约资源的小故事，借助传统文化的渗透，使小学生意识到德育的重要性。

（二）优秀传统文化是小学德育的动力源泉

一直以来中华优秀文化的主流都是德育思想，一个人要想成就一番大事业，要实现自己的人生理想，"德"是必不可少的，只有具备良好的道德品质，才符合社会主义核心价值观的要求，才能为自己和他人创造更多的价值。所以说中华优秀传统文化是小学德育教育的动力源泉，是师生修身养性的主要精神来源。

诚实是每一个小学生都应该具备的品质，也是中华民族几千年来发展的不竭动力，只有大家诚实守信，才能使国家更加繁荣，民族更加昌盛，小学生的未来更加灿烂。教师教育小学生要做诚实的

好孩子时，可组织小学生参与"说一说身边的诚实故事"的活动，小学生在生活中有过迫不得已说谎的经历，也有过诚实的难忘的故事，在参与活动的过程中，他们能敞开心扉，说出自己心中最真挚的感想，不仅有利于小学生养成良好的品质，也能使教师进一步了解学生，有利于后续教学任务和内容的动态调整。

（三）优秀传统文化是小学生三观形成的关键

小学生的年龄尚小，正处于人生发展的初级阶段，明辨是非的能力较差，世界观、人生观和价值观等也在逐步形成的过程中。德育教学的过程中，教师要积极渗透优秀传统文化，借助传统文化的力量，使小学生形成正确的三观。从目前小学生发展的现状来看，虽然很多学生还没有三观的概念，但是他们对金钱、物质、幸福等都有一定的需求，尤其是随着网络化的不断发展，小学生接触到的各种网络信息都有，很容易在潜意识中滋生拜金主义等的错误思想，这时候就需要优秀传统文化发挥重要的作用。优秀传统文化中有对幸福的广泛的定义，即有钱不一定是幸福，有权也不一定是幸福，幸福要建立在自己对生活的满足和期待上，要遵从自己的内心。因此优秀传统文化是帮助小学生形成正确三观的关键步骤。

例如，在传统文化当中有很多有关金钱和骨气的故事，例如"富贵不能淫，威武不能屈"等诗词，《大学》中也明确指出"德者，本也；财者，末也。"简单的八个字就指出了，德行才是人之根本，财只是生命中的一部分，若是无法看破财字，那么人的德行很容易有所亏损，获取财要基于道，只有如此才能长久。

二、在小学道德与法治教学中渗透优秀传统文化的策略

（一）创设教学情境

教学情境的创设在课堂导入环节起着重要的作用，设置的情境符合小学生的学习需求，小学生的注意力自然会被吸引，学习的积极性和主动性都大幅度提升；但若所设置的情境偏僻小学生的学习实际，小学生会产生抵触心理，导致整个课堂教学效率偏低。因此，教师在德育教学的过程中，要从符合小学生的认知规律和发展特点出发，注重教学情境的创设，从而更好地为小学生服务。

如学习"我们同有一个家"时，教师要求小学生深刻意识到 56个民族没有高低贵贱之分，也没有多寡之分，这 56 个民族是平等的，是亲如兄弟姐妹的。教师在上课之初，就可导入脍炙人口的歌曲《爱我中华》。小学生对这首歌曲比较熟悉，再加上歌曲旋律比较激昂，小学生的情绪能在短时间内被调动起来，他们对民族、对国家的热爱之情也会在潜移默化中流露出来。这不仅达到了德育教育的基本目的，也实现了传承传统文化的目的，毕竟传统文化中对祖国的热爱、对民族的衷心是需要代代相传的，而这份爱和衷心也是中华民族发展的不竭动力之所在。

（二）借助互联网展开教学

随着信息化时代的不断发展，互联网已经成了人们获取各种信息的主要途径，而很多小学生也经常接触到手机、电脑等现代化的电子设备，获取信息的途径更多，给他们带来的影响也更大。教师在进行德育教学时，就可借助互联网营造良好的教学气氛，融入优秀传统文化元素，从而提高课堂教学效率，实现新课改下教学大纲的基本要求。

如学习"我们的动物朋友"时，教师就可借助互联网的图片和视频等，让小学生了解小动物的形态特点及生活规律。由于小学生都有自己喜爱的小动物，例如有的小学生喜欢小狗，因为觉得狗忠诚听话，是自己的好朋友，这时候教师就可借助多媒体播放清晨主人遛狗的视频，还有狗和主人一起玩耍的照片等，使小学生产生情感上的共鸣，有利于后续教学的开展。在小学生讨论完自己最喜欢的小动物之后，教师还可有意识地引入传统优秀文化中对大自然敬畏的理念，随着现代文明的发展，人们对小动物的伤害越来越严重，甚至很多小动物失去了自己赖以生存的家园，面临着灭绝的危险，人们在利益面前，已经忘记了传统文化要求我们尊重自然规律、敬畏自然、爱护自然的基本理念，这对人类社会的可持续化发展是极其不利的。通过环保话题的引入，小学生对小动物、对环境保护也会有更深刻的认识，有利于提升他们的综合能力和核心素养。

（三）组织德育实践活动

小学生活泼好动，注意力不集中，对于说教类的知识并不感兴趣。但是在传统的小学德育教学中，一般是以教师讲述为主，小学生被动接受，使得整个课堂比较沉闷，小学生学习的积极性并不高。随着优秀传统文化的不断渗透，教师可组织各种形式多样的德育实践活动，调动起小学生的兴致，提升课堂教学效率。

如学习"我们爱整洁"时，教师可组织小学生参加"校园环境我来保护"的实践活动，要求他们以小组活动的形式，去到校园里捡起随地乱扔的垃圾，并对垃圾进行分类。在参与活动的过程中，小学生会意识到不仅要保持自身的整洁状态，还应该还给校园一个整洁的面貌，不乱扔垃圾、不随地吐痰，随时捡起他们丢弃的物品等，学生环境保护意识得以加强。

在参与实践活动的过程中，小学生暴露出了很多行为习惯上的问题，这样教师就应该对活动中的小学生多一些观察，并让学生在无意识中调整自己的行为，从而使他们养成良好的习惯，形成正确的情感价值观。

（四）提供与传统文化有关的课外读物

书籍是人类进步的阶梯，也是小学生获得各种间接经验和知识的主要途径。在教学过程中，教师要鼓励小学生阅读与优秀传统文化有关的书籍，不仅能丰富小学生的业余生活，还能使他们理解中华文化的精髓，进一步提升他们的道德品质，提升德育教学效果。

如学习"可爱的祖国"时，很多小学生对祖国并没有一个清晰的认识，他们的爱国主义情怀也不强烈，这主要是因为他们的人生阅历较少，爱国主义情感缺失。而教学大纲要求小学生能了解祖国的山川大地，并熟悉祖国的政区，对自己所在的家乡、对首都北京等产生深切的感情，在潜移默化中提升他们的爱国主义情怀。教师在阅读教学的过程中，要鼓励小学生选择与祖国各地风景有关的写景类文章进行赏析；也可以选择与抗日战争有关的叙事类文章进行阅读。在小学生阅读的过程中，教师还可要求他们抄写自己最喜爱的句子，达到优秀传统文化要求的爱国爱民的基本目的，这对于小学生的健康成长是极其有利的。

综上所述，小学德育教学工作中渗透优秀传统文化元素是一个长期的过程，需要教师在教学的过程中，对小学生多一些了解，引入与小学生的生活实际比较贴近的传统文化案例，在师生交流、生生交流中，促使小学生真正养成良好的道德品质，为他们今后的发展做好铺垫。

第六节　小学道德与法治教学链接红色文化的策略

红色文化是我国人民最宝贵的精神财富，其不仅在战争年代发挥了十分重要的作用，在和平年代，红色文化同样能够促进人们的精神发展，尤其是在小学阶段的教学中，将红色文化与品德课堂教学有机的链接到一起，能够帮助学生建立正确的价值观、人生观，

使学生能够从小树立为了祖国的繁荣而努力奋斗的精神追求，为我国未来的稳定繁荣打下良好的基础，储备丰富的人才。文章就针对品德课堂链接红色文化的相关问题进行了具体研究，希望红色文化的引入能够有效丰富品德课堂教学的内涵，提升对学生的影响力。

一、红色文化引入品德课堂中的现实意义

（一）坚持思想引领

小学思想品德新课程标准提出，思想品德教学，不仅要重视提升学生的道德素养，同时要能够保证学生社会性的健康发展。而将红色文化引入到小学思想品德教学中就能有效促进这一教学目标的达成，从人文资源的角度来讲，红色文化的主体普遍具有较高的道德品质，是时代发展的先驱者，因此，小学生在学习红色文化的过程中也会相应地受到影响，被英烈们的先进事迹所感染。在此过程中，全面激发学生的爱国情感，使学生的道德水平能够真正得到提高，确保小学思想品德课的教学目标能够得到不折不扣的落实。

（二）强化历史传承

中国共产党经过艰苦卓绝的努力，推翻了旧社会统治阶级的统治，在此基础上，建立了代表人民利益的新社会，红色文化就是这一阶段人民精神的高度凝练，对于我国人民来说，其不仅具有丰富的文化内涵，同时具有深刻的历史价值，是指引我国人民前进的宝贵的精神财富。历史不仅可以帮助人们知荣辱，同时可以让人们知兴衰，在小学品德教学中融入红色文化，一方面能够使学生更加深刻的理解中国的革命传统，一方面能够促使学生受到红色历史的感染，引导学生践行社会主义核心价值观，在紧跟时代发展步伐的同时，传承优秀革命历史，即使是在和平年代，也要教育学生时刻保持艰苦奋斗的精神，不骄不躁、不气不馁，继承革命先烈的奋斗精神，成为中国未来发展重要的后备力量，为中华民族的繁荣昌盛贡献自己的青春。

（三）感受时代气息

社会在不断进步，时代在不断发展，但是，新时期，红色文化依然是中国人民精神发展的重要推动力量，虽然红色文化产生并发展于战争年代，但是对于现代人来说依然具有十分重要的指导意义，以及独有的方式推动着社会的发展，引领着时代的前行。纵观中华人民共和国成立以来我国的发展历程，在不同时期、不同阶段，都有大量的模范英雄人物在鼓舞着我们，他们身上的红色精神依然在推动着社会的进步，激励着14亿中国人民，中国人民沿着英雄模范人物的脚步努力向前，跨越了重重困难，由新中国成立初期的落后逐渐走向了繁荣昌盛，多数中国人民也走出了贫困，走向了更加富裕的新生活，每个人都在以自己的方式实现着自己的中国梦，为中华民族的伟大复兴贡献着自己的一份力量。社会主义核心价值观的提出不仅是中华民族发展的需要，同时也是红色精神传承的重要载体，小学生作为未来的社会主义接班人，传承红色精神对于他们的发展来说有着十分重要的现实意义，因此，将思想品德课程教学与红色文化有机的融合到一起，不仅是时代发展的需要，同时更是小学生未来更好适应社会的重要推动力量。

二、道德与法治课堂链接红色文化的教学内容

（一）教育学生要忠于祖国

在我国人民的思想中，集体利益应该高于个人利益，集体利益得到了保证的前提下，个人利益才能得到保证。因此，教师在开展品德课程教学活动的过程中，一方面要始终坚持以社会主义核心价值观为指导，另一方面要将红色文化引入到课程教学中，教学生要忠于祖国、忠于人民，从时代的角度来讲，小学品德课的重要使命就是教育学生要忠于祖国。但是，从小学生自身的认知能力来看，"爱国"两个字的范围相对广泛，小学生很难理解爱国应该要付出什么样的实际行动，无法判断自己的哪些行为属于爱国的行为。针对这一情况，教师在实际的教学中，就可以尝试帮助学生树立正确的爱国观，培养学生民族自豪感的同时，提高学生对于民族的忠诚度。教师要让学生知道，千千万万的革命先烈用自己的生命换来了我们今天的幸福生活，但是和平时期，忠于祖国有时并不需要我们付出生命，在保护好自己的同时，我们可以用其他的方式来体现自己的爱国之情。首先，在涉及祖国利益问题的方面要做到绝不妥协，其次，小学生是祖国未来发展的重要推动力的，同时也是未来社会的主人，

因此，只有努力学习才能更好地满足社会发展的需要。将忠于祖国的情怀转化为具体的行动，或许能够引导小学生传承红色文化，同时对于民族精神的发扬来说也具有十分重要的现实意义。

（二）教育学生要忠于人民

中国人民共产党的重要职责在于全心全意为人民服务，同时这也是红色文化的一个重要体现，从思想品德课教学的目的来看，要重视培养学生的责任心、爱心以及良好的行为习惯，只要我们每一个人都能做到心中有他人，社会中的不和谐音符就会逐渐消失。教学中，教师一方面要重视红色精神的传承，一方面要教育学生忠于人民。和以往任何一个统治阶级不同，中国共产党代表的是基层人民的利益，忠于人民是中国共产党的重要使命，而小学生是中国共产党未来发展的重要后备力量，因此，教师要将红色文化与品德课堂教学有机地融合到一起，提升学生的民族自豪感，达到提升学生道德素养的教学目标。

（三）教育学生要忠于责任

和平时代，发扬红色精神不需要学生付出自己的生命，但是，学生要能够用自己的智慧推动我国的繁荣昌盛，在此过程中，不论是学习还是工作，都要求学生忠于自己的责任，充分发挥自己的才能。从工作的角度来讲，其不仅是学生立足社会的根本，同时也是展示自身才能的重要舞台，是学生人生观、价值观实现的重要载体，只有每一个人都牢记使命，中华民族的伟大复兴才能真正得到实现。从红色精神的角度来讲，英雄的价值不仅仅在于为了祖国奉献自己的生命，同时也在于忠于自己的责任，能够从国家整体利益出发牺牲自己的利益。而从小学生的角度来讲，在品德课堂教学中渗透红色文化，一方面能够有效培养学生的责任感，一方面能够培养学生对待工作对待学习认真负责的态度，只有从小形成良好的习惯，学生在未来才能为了社会的发展贡献自己的一份力量。

三、道德与法治课堂链接红色文化的实践路径

（一）拓宽教材、丰富内涵

小学阶段的思想品德教材中，并对所有教学内容都适合融入红色文化，针对这个情况，教师就需要做好对教学资源的整合以及筛选工作，在此基础上，找到红色文化与教学内容之间的契合点，充分发挥红色文化的引领作用，使红色文化能够与品德课程的教学能够实现常态化，教师尤其要重视发掘本土的红色文化资源，同时需要重视发掘教材内容，在充分整合的基础上，充分考虑小学各年段学生的年龄特点，将红色文化有机的渗透其中，保证小学生认可度的同时，全面发挥红色文化的价值引领作用。

（二）引导实践、内化实质

要将红色文化渗透至小学品德课堂中，教师就要将红色文化与学生的现实生活有机的联系到一起。以往，教师在对学生进行品德教育的过程中，灌输式的教学方式最为常见，但是，这样的教学方式却忽视了学生在课堂中的实践和参与。从哲学的角度来讲，实践是人类一切真理的重要来源，学生要想获得真理，实践是必不可少的一个环节，学生只有在充分实践、充分体验的基础上，才能达到内化道德知识、深化认知的学习目标，如此，学生的行为、情感、认知才能实现有机统一，三者之间才能实现协调发展。

（三）开发资源、提升素养

教师要想将红色文化有机地融入到品德课堂中，使两者之间能够实现协同发展，做好红色资源的开发工作是前提。而从小学生自身的特点来讲，他们在学习的过程中往往对自己身边的事物更感兴趣，针对这一情况，教师在教学中就需要加大对当地红色资源的开发，找到这些红色资源与品德教学之间的结合点，在此基础上，真正达到提升小学生道德素养的教学目标。实际教学中，教师可带领学生走进当地博物馆、走访当地的老红军战士，通过亲身体验感受红色精神，了解战争年代的故事，在此基础上，使学生能够主动继承和发扬红色精神，用红色精神来指导自己的成长，全面提升学生的社会责任感和使命感。

（四）资源融合、榜样教育

红色文化虽然对于小学生的健康成长有着十分重要的现实意义，是学校德育的一个重要组成部分，但是，教师在借助红色资源对学生进行品德教育的过程中，还需要重视做好品德课堂教学与红色资源之间的融合工作。小学阶段是学生品格形成的重要阶段，对于他们基本道德观念的形成有着十分重要的影响作用，因此，教师在利用红色资源对学生进行品德教育的过程中，还要重视多学科的融合，使品德教育能够体现在学校工作的方方面面，提升学生的重视程度。

综上所述，红色文化对于小学生道德素养的形成具有十分重要的推动意义，因此，将红色文化引入到小学品德课堂中，不仅能够使品德教育具备更强的感染力，同时能够激发学生的感恩之心，使每一位学生都能成长为品德高尚、有社会责任感的人。

第七节　小学道德与法治教学渗透党史教育的路径

小学是学生学习的重要阶段，处于这一时期的学生在党史方面的认知较为薄弱，因此需采用科学合理的方式增强小学生党史知识渗入课堂的学习。首先道德与法治老师应明确党史教育的重要性。其次在开展党史渗透教学前，应提高自身党性素养，理解党史内涵、思想等。最后通过创新道德与法治课堂的教学模式，培养学生学习党史的责任感和使命感，并利用教学实践等方式，增强学生党史的信念，进而实现党史教育的有效渗透。

党史不仅包括我国建党过程中发生的历史事件，还包括曾召开过的重大会议、党的成立与建设过程等，对于我国共产党的发展具有重要的意义。而将其渗透到小学的道德与法治课程中，可以有效地培养学生对党史的认识，并与实际生活联系在一起，进而加深学生的理解与学习，实现党史教育融合的实效性，促进小学生道德素质的发展。

一、小学道德与法治渗透党史教育的重要意义

（一）强化法治课思想品质

在学生小学学习阶段灌输党史内容，可以有效促进学生党史的吸收，使其明确中国共产党的主要思想、理念、服务宗旨等，在讲授道德与法治课程时，有利于学生理解教材的相关内容，渗透党史知识教育的同时增强学生道德与法治学科的素养，使其精神方面得到升华。道德与法治课程代表着"合法性知识的见解"，为了实现

其"合法性"，就需教师与学生共同努力，进而实现该课程的有效教学。我国教育行业不断发展，也使教育部门认识到新课改的重要性，而道德与法治课能够彰显国家的意志，并体现了我国的时代特色，因此这门学科成了促进学生思想发展的重要课程，也是必修内容。但在开展极具特色的学科时，需结合我国相关的党史，培养学生法治课学习的同时增加其对中国共产党的认识程度，从真正意义上成为时代新人。此外，老师需认识到小学法治课程渗入党史的重要性，并根据学生的学习情况，采取科学合理的引导方式，帮助学生理解中国共产党的主张、意见等，激发小学生对共产党的敬重、热爱之情，促使学生在党的政策、制度等方面形成自己的理解和感悟。进而有效促进道德与法治课程的开展，通过党史渗透提高教学质量，强化学生法治课的政治思想品质，提高学生综合素养的同时助力其成长。

（二）推动党史知识大众化

想要实现中国共产党执政地位的稳固，就需为社会培养出思想良好、品行端正且了解党史相关知识的高素质人才。小学是学生学习的重要阶段，融入党史教学可以尽早地为其树立正确的思想价值观念，使学生明确共产党在我国重要的政治地位，并通过对党史的学习，实现党史知识的传播。小学生人生观、价值观都还没有成型，在这一学习阶段向其传授党史知识，可以培养小学生从小树立正确的思想，进而为其日后的学习奠定良好的基础，使其可以构建正确的党史观，以此弘扬党精神，传播党文化，实现党史知识面向群众的大众化局面。在小学道德法治课程教学中，渗入党史内容，可以使学生了解中国共产党理论体系知识，有利于党史的传播，通过对知识反复学习与引导，加深学生有关党史的印象，将党的思想扎根于学生观念中，促进其长成国家与党需要的社会主义接班人。

（三）提升小学生党史认知

小学学习阶段中，道德与法治课程的上课时长以及总成绩占比都无法和语文、数学相比，但却具有重要的学习意义，可以促进学生思想与道德方面的成长，发挥该课程的教学功能。基于小学生对党相关知识了解不深的现象，开展道德与法治课堂教学，并将党史教育融入教学中去，站在学生的视角上完成党史的渗入，进而有效落实道德、思想价值追求的理念。而在课堂中，讲授党史相关的内容，实现教学目的，为学生创造党史学习的良好氛围，以此提高小学生对中国共产党的认知程度，进而促使学生形成有关党建的理论自信、文化自信。

二、小学道德与法治渗透党史教育的路径分析

（一）开展教学实践活动，促进党史内容吸收

党史教育与传统课程教育不同，因此在开展党史教育渗入教学时，不能只专注于书本中的内容，应重视实践活动，以此丰富课堂内容，创新教学形式，在实践教育中向学生灌输党史、党情等相关内容，通过有力的教育话语讲解真实历史事件，促进学生学习的同时带动学生成长。在道德与法治教学时，科学合理地渗入党史教育，可以使学生对党史知识形成自己的理解与领悟，还可以与实际相互联系，并结合时代发展中的热点、焦点等方面的话题，促进党史教育理论与实践紧密地联系在一起。例如，老师在开展道德与法治课堂教学时，可以借助"国庆节、劳动节"等重要节日，组织党史知识竞赛，并合理地设计活动环节，将学生分成三组，通过简单知识

问答的形式加深学生印象，并以抢答的方式调动学生课堂积极性，以此促进学生对党史内容的有效吸收。在普及国庆节相关知识时，可以提出以下问题："同学们知道十月一日是我国什么节日吗？我国中国共产党于哪一年成立？距现在已有多少年？"在完成抢答竞赛活动后，由老师进行总结并扩展相关的知识点："中国共产党成立之初，有哪些不可忽视的代表人物？"通过竞赛活动，激发学生有关党史学习的热情，促使其更加了解党史知识。同时也可以开展"党史演讲、革命歌曲演唱"等活动，在收集演讲题材时，加深学生对党史的理解，并在演讲过程中，通过语气的变化想象故事发生时的场景，感受中国共产党成立的不易，以此增强学生的爱党情怀，实现党史教育渗入的目的。

（二）创新课堂教学模式，培养党史责任使命

传统的教学模式不利于小学生接收道德与法治课程的学习，更为党史教育的渗入增加了难度。因此在开展教育融合时，老师应注重教学模式的创新，尽可能使用现代化信息技术展开道德与法治课程的教学，并采用科学且易于学生接受的方式优化教学内容，进而激发学生有关党史的学习兴趣，实现党史教育渗入法治课堂目的。例如老师在讲解五年级下册第三单元《虎门销烟》时，需明确教学重点，并向学生讲解"虎门销烟"分别代表的含义即：虎门—广东虎门海滩、销—销毁、烟—鸦片，通过理解题目含义，促进学生的学习效率。讲解题目后，提出问题："林则徐为什么要销毁鸦片？虎门销烟结束后中国经历了什么战争？战争的结果是什么？在这一战争中签订的条约以及条款分别为什么？"让学生带着疑问进行课程学习。可以采用小组讨论的方式完成课前问题的解答，提高学生

分析能力的同时保证每一名学生都能够有效地参与到道德与法治课堂的学习中，调动学生课堂积极性，为接下来的党史教育渗入奠定基础。完成讨论后，由老师指定学生回答问题，相对于后三个问题的答案在教材中均有体现，但第一个需要学生开发思维，结合教材内容说出自己的理解。为了让学生深刻了解虎门销烟事件，并完成第一个问题的解答，老师可以利用多媒体播放《林则徐》的电影或《虎门销烟》的纪录片，在电影观看结束后由老师说出自己的想法，再找同学分享观后感，以此加深学生们有关于该事件的印象，并使其切身感受历史、正视历史，在学习与观看过程中体会林则徐、关天培等民族英雄的爱国精神以及民族信仰，通过多媒体教学将党史事件融入到法治课堂的教学中，以此培养学生的爱国主义精神，激发其爱党、爱国的历史责任感与使命感，进而使学生高效地学习党史知识，促进学生思想价值观的建立，使党史教育的融入发挥最大效能。

（三）重视小学教师培养，提升党性政治修养

党史涉及的理论、内涵、思想、政治等多方面的内容，党史教育的深入与开展都离不开老师的科学引导。为了保证党史教育融合德法课程的实效性，老师就需提高自己的党性素养，不断积累并学习党史知识，做好党史教育的渗入工作。首先老师需明确党史教育融入课堂的重要性，进而积极主动的学习相关知识。并深入理解其中的内涵，促使自己有效地掌握党史方面的理论知识，分析探讨党的最新理论成果，并加以学习。其次在进行党史教育渗入时，需制定科学合理且易于学生接受学习的教学方案，并结合教材内容设计课堂教学中相关的党史教学案例。同时根据学生对知识的学习理解情况，优化或更改案例，使党史教育更加贴合生活实际，便于学生

掌握，进而实现教育结合的实效性，教学课堂的生动性。最后应明确自身教学过程中的焦虑并合理阐释。在开展党史融合小学道德与法治课堂时，很多老师会出现教学焦虑的现象，这是一种较为特殊的教学形态，造成这一问题的原因主要是由于多方便的"冲突"。其一是社会境遇与主流价值导向之间的冲突，使老师无法根据社会的发展现状开展导向教学。其二是"理论化"与"实践化"之间的冲突，在党史教育渗入的过程中，会因教学重点不明确而无法确定教学模式。其三是师生关系与课堂地位变化之间的冲突。随着我国信息技术的不断发展，多种线上教学平台被建设，如多媒体、微课、慕课等被广泛应用于课堂的教学中，这种创新式的教学模式符合国家的新课改理念，但对于小学生而言，有关于党史方面的知识并没有过多的涉猎，甚至不理解"党"的含义、思想等，因此不得不由老师进行引导，但这种引导却与课改要求相违背，进而为老师造成教学焦虑。对此，在党史教育渗入的教学过程中，老师应合理阐释自身所遇到的"焦虑"。例如在面对"怎样看待危机关头共产党员舍生取义的优良品格"等问题并解读时，老师会因不同解释而改变自己的真实想法，进而无法说服自己，最终出现"教学焦虑"的问题。因此老师应加强自身党性修养，科学合理地设计党史教育融入方案，通过不断学习解决教学过程中的焦虑，进而增强道德与法治课程渗入党史教育教学的自信。

（四）健全教育评价方式，坚定学生党史信念

为了保证教育评价的科学性、专业性，就需在教学时采用科学、合理且多元化的方式进行教学评价，在道德与法治课程的教学中融入当时教学时，老师不应只注重学生最终的成绩，而需在保证课堂

质量和效率的基础上，重视学生学习过程中的成长。有效地发挥出"渗入教育"的作用，并健全评价方式，克服结合教学中所遇到的难题，在教学过程中积极探索更多样的评价方式，实现党史教育有效渗入。一方面，需建立小学生的党史信念，并将其作为学生成长的根本关怀。传统道德与法治教学的评价方式通常以考试为主，将所学的内容以文字的形式呈现给学生，进而检测学生对于知识的理解与掌握情况。但对于该课程相关党史知识而言，更应该使学生了解其中内涵，并明确党史教育渗入的价值诉求，以此解决学生党史信念的问题，进而完成教育评价。因此，老师在德法课程的教学中，应重视学生理想信念方面的教育，并以中国共产党的成功经验启发学生，增强学生党史知识的学习效果。例如老师在教授党史相关的内容时，应注重培养学生爱党、敬党、信党的情怀，使其更加坚定党史信念。另一方面，在开展教育融合时，老师应重视课堂过程化的评价。为了加强学生对党史知识的理解，就应转变传统的"理论教学"模式，同时明确过程化教学评价的重要性。因此，老师在教学时要十分重视学科教学中党史教育的过程性评价，及时找出阻碍学生学习的因素，针对性地解疑释惑，提高学生党史知识学习过程中的表现力和认知度，进而促进多种教育相互结合。此外，在进行道德与法治课堂的教学过程中，应时刻关注学生的课堂表现，并根据神情的变化，改变教学方法。例如在开展《圆明园的诉说》课程的讲解时，结合教材内容提出问题："同学们在圆明园毁灭这一屈辱的历史事件中有什么感想？"指定学生对所提出的问题进行回答，有效地掌握学生的课堂状态，保证教学的有效性，加深学生对党史事件的理解，实现党史教育渗入道德与法治课堂的过程化评价。

综上所述，小学道德与法治课堂渗透党史教育具有重要的意义，不仅可以提高德法课堂的教学质量，还能向学生讲解有关党史的内容，同时还有利于培养学生形成正确的价值观念，并在学习过程中建立自己思想理念和价值体系。为学生党性素养的形成奠定基础，有助于为我国培养出身心健全、思想品格良好等高素质人才。

第八节　深度学习视野下的革命文化教学思考

2016 年 7 月 1 日，习近平总书记在庆祝中国共产党成立 95 周年大会上强调："在 5000 多年文明发展中孕育的中华优秀传统文化，在党和人民伟大斗争中孕育的革命文化和社会主义先进文化，积淀着中华民族最深层的精神追求，代表着中华民族独特的精神标识。"同时强调全党要坚定"四个自信"。并在此基础上将文化自信和道路自信、理论自信、制度自信放在相同的战略高度。2017 年 10 月18 日，习近平在十九大报告中再一次强调，我们要"推动中华优秀传统文化创造性转化、创新性发展，继承，发展社会主义先进文化"。习近平总书记将与中华优秀传统文化和社会主义先进文化并称统一到文化自信的强调之中，不仅反映了党和国家对此的高度重视，而且表现了党和国家增强人民自信的坚定决心。

我们的文化自信，是对包括中华优秀传统文化、革命文化、社会主义先进文化在内的中国特色社会主义文化这一有机整体的自信。只讲对传统文化的自信，而不讲我们党在马克思主义指导下创造的革命文化和社会主义先进文化，是错误的，也不可能立得住；反过来，只讲对革命文化和社会主义先进文化的自信，而丢掉中华优秀传统文化这一根脉，也是错误的，最终也会立不住。任何时候任何情况下，都不能把中国特色社会主义文化这一整体割裂开来，进行孤立的、片面的理解或解读。

今日之中国是历史之中国的延续和发展。要认识今天的中国、今天的中国人，就要深入了解中国的文化血脉，准确把握滋养中国人的文化土壤。只有搞清楚我们文化的根与脉、源与流，才能真正明白当代中国从哪里来、往哪里去的问题，真正明白中国特色社会主义的历史由来和客观必然性的问题。革命文化是我国人民最宝贵的精神财富，其不仅在战争年代发挥了十分重要的作用，在和平年代，革命文化同样能够促进人们的精神发展。基于深度学习理念的革命文化教学，能够促发学生革命文化学习深度发生，帮助学生践行社会主义核心价值观。

革命文化是我国人民最宝贵的精神财富，其不仅在战争年代发挥了十分重要的作用，在和平年代，革命文化同样能够促进人们的精神发展，尤其是在小学阶段的教学中，基于深度学习理念的革命文化教学，能够帮助学生建立正确的价值观、人生观，使学生能够从小树立为了祖国的繁荣而努力奋斗的精神追求，为我国未来的稳定繁荣打下良好的基础，储备丰富的人才。

一、概念阐述及教材特点

广义的革命文化泛指基于革命并由革命而来的特型文化。狭义的革命文化指中国共产党领导的，为了实现人民解放、民族独立，在革命实践中高度凝聚共产党人和革命群众独特思想和精神风貌的特殊文化。

深度学习内涵的界定，国内外学者主要围绕"学习过程说"或"能力发展说"两方面进行论述，其中持"学习过程说"的学者们更加强调学生在知识学习过程中所表现出来的行为，持"能力发展说"的学者们更加关注学生学习的结果，学生进行深度学习后所获得的高阶认知技能、高阶思维等。它的特征是：

1. **深度学习是发展素养的学习**。核心素养是指"学生在接受相应学段教育过程中，逐步形成的适应个人终身发展和社会发展需要的必备品格与关键能力。"深度学习以培养学生核心素养为根本追求，因为只需简单记忆和机械应用程序的工作，是不需要深度学习的。在迅速变化的世界中取得职业和社会生活成功的关键，就是要拥有远大志向和坚强的意志、批判性思考和问题解决能力、有效的沟通和协作能力以及学科思维、学习策略和积极的学习心向等。而这些素养的获得需要深度学习的支撑，因为素养是"个体在与各种真实情境持续的社会性互动中，不断解决问题和创生意义的过程中形成的"，深度学习正是这样的活动和过程。

2. **深度学习是理解性学习**。深度学习是学生想要去理解以及从学习内容中提取意义这两者的结合。理解不仅仅是单纯字面意思上的知道、了解、明白之意，它更强调一种深层次的思考，即解释、思辨、推理、验证、应用等更有难度、更加复杂和更具综合性的学习。进一步说，仅仅有这样的理解还不够，还需要学生能够将这些已经理解的知识应用于生活中。可以说，只有当学生知道在什么样的情境中应用这些知识，知道面对新的、真实世界的情境时如何调适、修正这些知识时，在他们能够解释信息、创建模型、解决问题、建立与其他概念、学科及真实世界情境的关联从而形成理解世界的新方式时，才真正发生了真实的、有深度的学习。

3. 深度学习是符合学习科学基本原理的学习。深度学习是建立在学生先前知识基础上的概念改变。学生在进入学校之前并非是"一块白板"，他们是带着来自日常经验、其他情境中获得的先前知识、信念等走进教室的，这些知识、经验、信念等被称为学生的"前概念"。学生的"前概念"有的支持新学习的发生，有的则起阻碍作用。当科学概念与学生的"前概念"发生冲突时，就会给学习造成很大困难。有效的教学应明察、导出学生的日常经验等"前概念"，并为其做出正确、充分的自我解释及建构意义创造学习环境与条件。学生有意义的学习就是将新知识与已有知识经验建立明确的联系，并将其整合进原有知识结构的过程。

回顾中国近代史，1840年鸦片战争爆发以来，中国进入半殖民地半封建社会，人民遭受帝国主义、封建主义、官僚资本主义三座大山的沉重压迫。无数仁人志士寻求着国家独立与人民幸福"良药"，然而，从以器物革新为特点的洋务运动、到以制度变革为特征的维新变法均以失败告终，推翻清朝专制帝制的辛亥运动后又被窃取果实。

在中华民族面临如此矛盾复杂的现实危机背景下，一些知识分子创造性地将马克思主义与中国的实践相结合，从五四运动这一反帝国主义反封建的爱国运动开始，发起了一场新民主主义运动，无产阶级不断发展壮大，中国共产党于1921年成立并领导着中国人民开启了艰苦奋战的实践，推动着社会的不断发展，铸就了具有广泛认同性、民族性和时代性的中国特色的革命文化。

伟大的集体主义精神是中国发展的不竭动力，从陈天华到林觉民，从夏明翰到方志敏，无数志士舍小家为大家，为的革命熊熊大火在中国大地燃烧，奉献着自己的光和热。这种奉献精神，在一代代的革命者中，悄然地传播"杀了夏明翰，还有后来人"豪言壮语，是流淌在革命者身上的一种血液，是中华儿女赢得近代反抗侵略斗争的最终胜利的关键所在。这种精神，与中国的不断胜利密不可分。从严复的"群说"，到梁启超的"新民"，从鲁迅的"改造国民"，到共产党人的"自我批评"，中国民众一改几千年来的臣民思想，从自私自利的个人奋斗，转移到集体的民族独立的伟大事业中。

进入新时代，中华儿女都凝聚到全面建成小康社会、实现中华民族伟大复兴"中国梦"的宏大事业中。在其中发挥不可替代的精神引领作用。从红船精神、井冈山精神、长征精神、延安精神、西柏坡精神，到雷锋精神、大庆精神、两弹一星精神，再到航天精神、北京奥运精神、抗震救灾精神，新时代的疫情防控精神。这些富有时代特征、民族特色的宝贵财富，脱胎于中华民族优秀文化传统，从而为我们在新的历史条件下推进文化建设奠定了坚实基础。不论现在还是将来，都是激励我们不忘初心、牢记使命、砥砺前行的强大精神力量。

小学道德与法治第十册第三单元从近代历史说起，内容涵盖经济、政治、法治、科技、文化、教育等国家发展的诸多方面，全景式展现中华人民共和国的成长历程和辉煌成就。中华民族为什么能够迎来从站起来、富起来到强起来的伟大飞跃？我们一定可以在历史的长河中寻找规律性认识。久经磨难的中华民族站起来，让底子薄、人口多的中国人民富起来，让站在新的历史起点上的伟大祖国强起来，归根到底是因为有中国共产党的坚强领导。只有毫不动摇地坚持和完善党的领导，才能够实现中华民族的伟大复兴。

二、基于深度学习理念的革命文化教学的实践路径

（一）激活文本，指导学生意义建构

深度学习实质上是结构性与非结构性知识意义的建构过程，也是复杂的信息加工过程，需对已激活的先前知识和所获得的新知识进行有效和精细的深度加工。教材不是唯一的课程资源，要让教材富有生命力，真正体现思政课程的生活化，教师必须根据学校实际状况、学生发展的需要及教学活动的需要，结合自己的特点与个性，大胆调整教材顺序，重新激活文本进行再创造，促进学生形成认识社会的整体视野。

《改革开放谋新篇》这一课题主要是以四个经济特区之一的深圳展开的。厦门的学生对深圳了解不多，我在教学设计时重点放在厦门特区，组织学生观看厦门广电集团举办以"中国梦 奋斗志"为主题的《爱国主义大课堂》（第二季）系列活动。聆听特区发展故事，感受无数平凡而伟大的建设者们"敢为人先、爱拼会赢"的特区精神，了解厦门的经济、交通、教育等等方面的巨大变化，教师引导学生了解厦门、感受厦门、欣赏厦门，懂得家乡的变化源于党的好政策，将审美价值导向党的好政策，学生情感得到升华，价值观必将得到引领。

厦门改革开放的十大巨变：

经济：投资强劲增长。固定资产投资计划完成550亿元以上；工业快速发展。将大量引进资金技术劳动三密集的工业项目；自主创新能力增强。支持重点行业骨干企业建设企业技术中心；服务业快速增长。重点发展旅游和物流两大产业。

交通：厦门公交、厦门 BRT、铁路建设（鹰厦、福厦、龙厦、厦深四条铁路，均在厦门成功连接，厦门站也成为华东地区的铁路大站、中国东南沿海的重要交通枢纽）、厦门公路（成功大道、环岛干道等一批工程的建设完成，使得厦门城市快速干道交通网基本贯通，内畅外联）、空港建设（厦航已是国内五大口岸机场之一、东南沿海重要的国际机场，更是华东地区重要的区域性航空枢纽）、地铁轨道交通建设。

教育：

学业成绩	中考均分	高出全省 40 多分
	高考均分	全省保持绝对优势
	本一上线率	达 35%（全省约 20%）
	本科上线率	达 80%（全省约 60%）
	高考优秀学生数	保持全省第一
	高考全省理科前 100 名	厦门占 34 人
	高考全省文科前 50 名	厦门占 24 人
	清华北大录取人数	78 人（占全省近 40%）

经济：1978 年，计划经济体制下的厦门缺少活力，经济规模小，社会底子薄，地区生产总值仅 4.80 亿元。改革开放特别是设立经济特区以后，厦门经历了一系列改革的洗礼，并在这难得的历史机遇下快速成长起来，经济领域实现了从小到大、由弱变强的转变，也实现了从重视速度到注重质量、由封闭对内到开放对外的转变。厦门市经济总量迅速扩大，地区生产总值（GDP）在 2005 年首次突破千亿元大关，此后在 2010 年、2013 年、2017 年分别突破了 2 千亿元、3 千亿元、4 千亿元，达到 4351.18 亿元，比 1978 年增长了 280.69 倍（扣除价格因素）。

（二）深入实践，助力学生深度理解

通过对学科核心素养的把握，实现教学中学生在之前已掌握的基本知识和基本技能的基础上，通过教学中学生的真正的情感体验，完成对新知识的认知，实现对新知识的内在转化，最终形成对自己的价值观念和核心能力，达到学科核心素养的培育和思想政治课深度学习的实现。基于深度学习理念的革命文化教学，教师就要将革命文化落脚于学生具体的广泛的实践活动，让学生感悟理解精神实质，在对理论资源进行挖掘、传播、教育的同时，切实把引领、体会、践行密切结合在一起，进而引导学生积极地开展自我教育。学生才能达到内化道德知识、深化认知的学习目标，如此，学生的行为、情感、认知才能实现有机统一，三者之间才能实现协调发展。

陈化成是民族英雄（1776年—1842年6月16日），福建同安县（今属厦门市）人。历任嘉庆间参将、道光间总兵，鸦片战争爆发时任福建水师提督，后改任江南提督，在鸦片战争时期保卫吴淞（今属上海市宝山区），与英国侵略军力战英勇牺牲殉国。教学《虎门销烟》时，教师要以文本为基点，开展影像"陈化成"、文史书中的"陈化成"、瞻仰陈化成墓，推介陈化成等研学活动，大致勾画出陈化成少年从军、历著战功、誓死抗英、壮烈殉国等章节，把静态的教学内容扩展到动态的生活中，整合资源，释放革命文化的魅力，进而为学生认识社会、参与社会、适应社会，成为具有良好行为习惯和个性品质的社会主义合格公民奠定文化基础。

革命文化融合内容

主题	研究内容	收集资料方法	成果方式
影像"陈化成"	《鸦片战争》	上网查阅资料、借阅文史书籍	视频学习
文史书中的"陈化成"	寻找、查阅文史书籍	读相关书籍中关于郑成功在厦门的遗迹地点，结合上网查找资料	PPT 展示或电子文档展示
瞻仰金榜公园旁的陈化成墓	金榜公园	小组跟随老师，携带探究手记，进行实地考察	手抄报、视频在班级中交流
形成报告成果，思考下一步如何推介	形成研究性报告、思考如何借助媒介进行介绍陈化成	问卷调查、形成文稿、了解可推广方式	在班级中进行交流展示与讨论

（三）挖掘资源，丰富革命文化内涵

教师要开展基于深度学习理念的革命文化教学，将革命文化有机地融入到思政课堂中，使两者之间能够实现协同发展，做好革命文化资源的开发工作是路径之一。从小学生自身的特点来讲，他们在学习的过程中往往对自己身边的事物更感兴趣，针对这一情况，教师在教学中就需要加大对当地革命文化资源的开发，找到这些革

命文化资源与思政教学之间的结合点，在此基础上，真正达到提升小学生道德素养的教学目标。实际教学中，教师可带领学生走进当地博物馆、走访当地的老红军战士，通过亲身体验感受革命精神，了解战争年代的故事，在此基础上，使学生能够主动继承和发扬革命文化精神，用革命文化精神来指导自己的成长，全面提升学生的社会责任感和使命感。

福建是红土地，教师可以挖掘具有革命文化背景的闽籍将领、志士的成长历程。厦门是一座英雄的城市，从明代抗击倭寇到清初郑成功抗荷收复台湾，从鸦片战争抗击英帝国主义到孙中山先生领导的旧民主革命，从诞生第一个中共福建省支部到英勇反抗日本侵略者，从实现祖国完全统一中的特殊地位到改革开放后率先打开国门，厦门总是与祖国的荣辱与民族的兴盛紧紧地联系在一起。厦门历史上涌现出陈化成、郑成功、陈嘉庚、李林、罗扬才、刘惜芬等爱国仁人志士，形成了"嘉庚精神""林巧稚精神""海堤精神""特区精神""英雄小八路精神"都是非常重要的革命文化教育资源。

教师执教《走向胜利》一课，可以将学校校本课程材料《红色记忆》引入思政课堂，阅读《红色记忆》，了解刘惜芬烈士的事迹资料及后人缅怀她的诗篇，老师在课中播放了一段刘惜芬烈士在英勇就义前气宇宣扬地与敌人对话的录音资料，学生在教师营造的氛围中感受到国民党特务的威胁、利诱、迫害，都没有能动摇革命烈士追求正义、自由和解放的信念。虽然，他们似乎已听到了解放军进攻的隆隆炮声，但他们也深知自己正面对着敌人的枪口，可能永远也看不到欢庆胜利的礼花，即使这样，他们依旧是那么坚定、大义凛然，展示了革命者勇敢无畏的英雄情怀。在"情感升华、联系自我"的教学环节中，作为刘惜芬大队的少先队员们纷纷表示烈士的革命精神将激励学生刻苦学习、发奋图强，更加热爱生活。

（四）融合资源，榜样教育厚植情怀

革命文化对于小学生的健康成长有着十分重要的现实意义，是学校德育的一个重要组成部分，但是，教师在借助革命文化资源对学生进行品德教育的过程中，还需要重视做好品德课堂教学与革命文化资源之间的融合工作。小学阶段是学生品格形成的重要阶段，对于他们基本道德观念的形成有着十分重要的影响作用，因此，教师在利用革命文化资源对学生进行品德教育的过程中，还要重视多学科的融合，使品德教育能够体现在学校工作的方方面面，提升学生的重视程度。

可以通过讲述名人故事，增强忧患意识，丰富爱国情感。榜样教育法是党的思想政治教育工作的基本方法，也是思想品德课程净化心灵、实现立德树人的常用方法。近代发展史中，有叱咤风云的政治人物，有驰骋疆场的军士将才，有享誉文坛的文豪巨匠，有名垂千史的仁人志士，他们是国家的精英、社会的中坚、民族的脊梁。让这些鲜活的人物走进思政课堂，引领学生的价值取向，可以增强学生的责任意识和忧患意识，使爱国情感得到升华。也可以利用多媒体课件，展示瑰宝，营造学习传统文化氛围。依据教学的内容，更直观地展示具有中国特色的文化瑰宝。使学生在浓厚的传统文化氛围中得到文化滋养和道德熏陶。

基于深度学习理念的革命文化教学，有利于讲述中国故事，增强革命文化的传播力、亲和力和感染力；也有利于构建道德与法治课深度教学的策略，培养学生的核心素养。

教学案例 1：

舌尖上的厦门——厦门小吃

一、资源分析

《我在这里长大》是道德与法治三年级下册第二单元的内容。本课时教学内容是第二个活动主题"请到我的家乡来"的链接内容，本课例为一课时。厦门的饮食文化源远流长，蕴涵深厚的人文底蕴。厦门小吃品种丰富多样，风味独特，令人难忘。厦门小吃有 200 多种。黄则和的花生汤、吴再添海蛎煎、扁食嫂扁食、好清香肉粽都是中华名小吃。本课例通过引导学生体会厦门小吃所蕴含的闽南文化独特的精神风貌，为学生形成一定的文化底蕴奠定基础。学生通过了解、体验厦门小吃，能够重视对家乡文化的传承，尊重并理解多元文化，深化对家乡的情感。

二、学情分析

三年级的小学生已经基本接触到厦门的各种特色小吃，对接触较多的小吃有了初步的感知。并能从中获得快乐和需要。但是随着年龄的增长，学生的生活领域在不断扩大，逐步从家庭、学校扩展到社会。他们对生活的了解和掌握也在不断深化，面对不同的厦门小吃，在认知和情感体验上有一定的差异，老师还应该给学生正确引导，激发他们认同家乡文化的情感。

三、教学目标

1. 调查了解家乡风味小吃的特点及其蕴涵的人文特质。

2. 通过调查活动，能与同学交流，提高学生的观察、收集信息的能力。

四、教学重难点

调查了解家乡风味小吃的特点及其蕴涵的人文特质。

五、教学过程

（一）猜谜导题

师：现在，请同学们看讲台桌，看看桌上有什么东西？是啊，这些都是厦门的小吃。都说吃在厦门，厦门的小吃那真叫一个味美色鲜，品种繁多。

师：据调查，目前厦门的小吃大约有200多种，制作售卖小吃的摊点、酒楼、餐厅仅在岛内就有2600多家。最有名和最普遍的厦门小吃有：土笋冻、烧肉粽、五香、芋包、韭菜盒、芋枣、章鱼、油葱粿、卤豆干、卤鸭、蚝仔粥、面线糊、炸枣、捆蹄、夹饼、糖葱饼、薄饼、沙茶面、鱼丸、蚝仔煎、麻籽、贡鱿鱼、"翻煎"豆干、鲨肉、加滋螺、花螺、芋粿炸、蚝仔炸、马蹄酥、炒粿条、面茶、虾面、烧豆花、花生杨、炒面线、豆包仔粿等等。中华名小吃中就有厦门黄则和花生汤 、厦门好清香烧肉粽、厦门吴再添海蛎煎和厦门扁食嫂扁食汤。

师：你喜欢厦门的什么小吃？

生：……

今天我们就一起来了解品尝厦门的小吃。

【设计意图】： 根据小学生年龄特点，在课伊始，厦门名小吃一出现，一下吸引学生的注意力，激发学生学习兴趣和求知欲。

（二）聊海蛎煎说吴再添小吃店的故事

师：（出示课件）读一读这块金字招牌，你们发现什么有趣的事情？（出示课件）

师：谁知道他们名字的来历？

生：……

师：是啊！小吃中有故事，故事中有乡情。

师：有一天的下午，我慕名来到大同路的吴再添小吃店，各种小吃映入我的眼帘，我闻到了喷香的小吃，我发现整个吴再添小吃店熙熙攘攘，厦门人对这小吃店真是情有独钟。我情不自禁被师傅制作海蛎煎的情景产生了浓厚的兴趣！同学们吃过海蛎煎吗？要品尝正宗味道去哪里？当属吴再添小吃店。

今天让我们好好去品味一番。

【设计意图】：此环节从儿童情感需要与生活感受和认知特点出发，使之能真正激发儿童的兴趣，并与儿童的学习生活保持零距离，努力引导儿童热爱生活，享用生活。

（三）课中体验，深化感悟

1．老师展示海蛎煎制作过程，老师边制作边解说步骤。

师：选用海蛎中上品"珠蛎"为主料，将鸭蛋、地瓜粉和切碎的蒜苗调匀，再用适量的油在平底锅里，在入锅后，再摊上搅散的蛋，一道煎熟，煎至两面酥黄。起锅后，撒点胡椒，放数叶芫荽，吃时再蘸上芥辣、辣酱、香醋，简直连舌头都会一起吞下去。

2．品尝活动。

师：请同学们和我一起来参加"品尝"活动。

生：谈品尝感受。

3. 了解其他小吃的特点。

师：上课前，老师已经布置同学们去了解厦门小吃的特点。提出四个要求：（出示灯片）

（1）看一看：小吃的颜色、形状。

（2）闻一闻：香不香？

（3）尝一尝：味道如何？

（4）说一说：制作方法？

（5）查一查：小吃的故事？

4．请小组同学代表介绍。

师：课前老师已经给你们布置搜集厦门小吃的材料，我们根据你们搜集的内容分小组，根据老师的提示语找位置。

师：请你们小组交流，等下请一位代表介绍。

师：请你们把事先准备的纸拿出来，根据要求介绍！

师：请小组同学代表介绍。

生：……

【设计意图】： 老师把生活场景搬进课堂，展示海蛎煎制作过程环节的设计，增进学生的情感体验。

（四）分组行动，创意设计广告、包装

师：厦门的小吃这么吸引人，请为你喜欢的小吃设计一句广告语。比一比谁的广告更有创新能力哟。（可以写在事先准备的纸上，并张贴在黑板上）

生：……

【设计意图】：学生在积极、主动的探索中发现新问题、掌握新方法、想办法解决问题，品德得到发展，价值判断得到初步的培养。

（五）结束语

师：厦门的风味小吃久负盛名，其品种的丰富多样，全国罕见；厦门小吃的风味独特，令人难忘。我们的厦门只有美味的小吃让你感到自豪吗？

生：不，还有许多……

师：优美的环境、热情的人民、整洁的环境、秀美的公园……

师：家乡的点点滴滴都让我们感到无比的——

生：——骄傲与自豪。

师：那么，让我们在优美的音乐声中，深情地说一句——

生齐声：我爱家乡的小吃，我更爱美丽的家乡。

【设计意图】：学生是学习的主体，给学生创造一个自由的空间，让他们能尽情地发挥，说出自己的想法，与人愉快地分享，这符合儿童的年龄特点。

六、板书设计

厦门小吃

颜色美　　形状多　　味道香　　制作精

教学案例 2:

我们的节日《状元插金花》

一、资源分析

  《感受家乡文化，关心家乡发展》是《道德与法治》四年级下册第四单元的内容。本教学内容是"我们当地的风俗"的整合课例，本课例为一课时。中秋节是中华民族的传统节日，我国各地以祭月、赏月、吃月饼等风俗习惯来祝福团圆，庆祝中秋佳节。玩月饼博状元这富有闽南特色的风俗引起学生对中秋节来源及本土风俗探究的强烈欲望，通过此课题的教学，充分开展活动体验，激发学生热爱家乡的感情，并在发现解决问题的同时提高学生探索问题的能力。

二、学情分析

  四年级学生已经初步具备了主动学习、合作学习、自主探究的能力，并有一定的认知能力。对于老师提出的学习任务有主动完成的内驱力，他们能根据要求有序地展开交流讨论、解决问题，初步体验中华民族传统文化，感受家乡丰富多彩的节日文化。但是他们对较为复杂的中秋文化内涵理解比较少，这就要老师的帮助和引导，让他们通过老师引导和自己的探究，体验和发现生活中中秋博饼的不平凡的学问。

三、教学目标

  1. 了解中秋节的由来和习俗，体验中华民族传统文化。

  2. 通过博饼课堂活动，感受家乡丰富多彩的节日文化。

3. 培养学生发现问题解决问题的能力。

四、教学重难点

了解博饼规则，感受博饼文化的魅力。

五、教学过程

（一）查找资料，了解厦门博饼活动的由来

师：课前已经布置同学们查找厦门博饼活动的由来的资料，请你们与同学交流交流。

生：三百多年前，民族英雄郑成功以厦门为根据地，驱逐荷夷收复台湾，郑成功的士兵来自福建、广东各地，到中秋节前后，士兵们更加思念亲人郑成功的部将洪旭，为了宽慰士兵离乡背井、思亲想家之念，激励士兵先国后家，克敌制胜的斗志，便与兵部衙经过一番筹谋，巧设"中秋会饼"让士兵们赏月玩饼、品茗谈天。

生：据说在300多年前郑成功据厦抗清，郑的部将洪旭为了宽释士兵愁绪，激励鼓舞士气，利于驱逐荷兰殖民者收复台湾，于是与当年驻扎在今洪本部33—44号的后部衙堂属员，经过一番推敲，巧妙设计中秋会饼，让全体将士在凉爽的中秋夜晚欢快拼搏。

生：约是20世纪一二十年代，厦门是一个港口城市，海港经济相当发达了。市民生活水平随着经济发展而提高，早已存在的赌饼（即博元，一个饼）的游戏，因为商业的需要，规则、玩法逐步完善起来，从一个人得饼到为了兼顾游戏参与者的乐趣变成人人有奖，最终完善为63块会饼。而当时，安海、石码是厦门港的两个卫星城，是最密切的两个港口，从陆、海来厦的商旅必经安海、石码。这使得两

地与厦门的来往密切。63块会饼的中秋博状元游戏也由此传入两地。

师：此时，你有什么感想？

生：郑成功是个善于用兵的将军。

生：郑成功用这种办法来稳定军心，真厉害。

生：博饼，增添节日气氛，是普遍的一种中秋佳节独特的游戏。

生：博饼的发源地是厦门。

【设计意图】以交流资料的方式导入本课，能够为接下来的课堂教学活动创设良好的情境，也能引起学生的兴趣。

（二）采访学校老教师，了解博饼知识

为了了解有关博饼的知识，同学们采访了学校老教师林明珠。（播放视频）林明珠老师给他们讲了中秋的由来、中秋饼的传说、中秋博饼活动的游戏规则，中秋博饼与厦门旅游发展的故事等。

1. 中秋博饼是仿古代科举制度，设有状元、榜眼、探花、进士、举人、秀才，平时叫一秀、二举、三红、四进、对堂、状元。

2. 中秋月饼大大小小共有63块，秀才32块，举人16块，进士8块，三红4块，对堂2块，状元1块。

3. 博饼不分宗教信仰，不分官职大小，不分大人小孩，不分富人穷人，都可以博，公平竞争。

4. 如今"博饼"，不但家庭有，同学、朋友、同事之间也利用中秋节博"状元饼"。而且单位团体也组织大家博饼，成为中秋节不可缺少的社会娱乐活动。每个人在中秋节前后就可能参加多次的博饼活动。

老师：从这次的采访中，除了了解博饼的知识外，你们有什么

感想？

生：我在学习上也要争当状元。

生：我以前不敢于陌生人说话，通过采访，我现在敢跟陌生人说话了，变大方了……

【设计意图】：请老教师走进课堂与孩子进行对话，这样的设计改变了传统教学中的课程概念。活动中呈现在学生面前的不再是冰冷的平面的教材，而是活生生的生命课程。

（三）收集资料，交流博饼知识

1. 学生进行调查。

学生通过上网、看报、咨询长辈，了解博饼的知识。

2. 学生先在小组内交流各自调查的博饼知识。

生：每套会饼设"状元"1个，"对堂"2个，"三红"4个，"四进"8个，"二举"16个，"一秀"32个。全会有大小63块饼，含七九六十三之数，是个吉利数。因为九九八十一是帝王所用的数，八九七十二是千岁数，而郑成功封过延平王，所以用六十三之数。

生：大小六十三块饼，分别代表状元、榜眼、探花、进士、举人、秀才。用6颗骰放在大瓷碗内投掷。博规主要有30款：一秀、二举、三红，分别以出现一颗红四、二颗红四、三颗红四为得饼。

生：状元是以出现四颗红四点、两颗红一点为最高级，称"状元插金花"，可获状元和两个对堂共3个大饼。获状元的以出现四颗四点红为起码级，其中又发四红带多少点比大；"五子"出现即压过四红，即"五颗"除五个红四以外的任何五颗一样算为"五子"，又以带多少点比大。"五红"就是出现五个红四点，压过"五子"，其中又以带多少点比大。称为"对堂"的榜眼、探花出现一至六点都有得饼。

生：还有极少出现的"六朴红"，即六颗四点出现。"六朴红"得主，就可得全部会饼，但一般友好相处，得主只拿状元和对堂，其余就分送给大家吃。"六朴黑"是指出现除六颗红四点以外的任何六颗相同的。"六朴黑"出现，大家可熄灯抢饼，但现在一般不再采用。

生：在博饼中，如果骰子掉了，就得停博一次。妈妈说的。

生：如果状元都一样大，谁先博到就是谁的。

生：我从报纸上知道博饼也是从赌筹演变来的。

师：厦门博饼风俗，讲究的就是一个开心，就是博一个好彩头，大多数人都愿意相信，博中状元的人，一年运气总是会特别好，这当然是因为博饼活动里倾注了人们的感情寄托。

【设计意图】：学生们在调查、收集、讨论、探究的形式下了解博饼知识。整个过程体现了学生对信息的整理、内化和运用的能力。

（四）调查了解有关博饼的意义

师：为什么厦门人每年都要博饼，为什么商家、政府也在举行这项活动？

学生展示材料，进行交流。

生：厦门人对中秋节很重视，要与亲人团聚，吃团圆饭，再博饼。

师：是呀，博饼让一家人团聚在一起，其乐融融。

生：博饼的好玩在于，快乐来得快，传播广，又具公平性，大家在一起不分老少，不分男女，不分身份，不分贵贱，一视同仁，命运全掌握在你自己手里。

生：吸引了许多外国嘉宾，也来参加博饼活动。

生：是厦门人几百年来独有的中秋传统活动，是一种独特的月饼文化，也是厦门人对历史的一种传承。

师：在吃饼赏月的时候，能有这么一项充满趣味的活动，真的是一件快乐的事情。

……

【设计意图】：引导学生带着这更深层的体会与感受走向生活，使课堂教学的终点不是在下课铃响的那一刹那，而是真正延伸到学生的生活中、生命里，为他的终身发展服务。

（五）展开活动，体验博饼的乐趣

1. 学生了解了有关中秋博饼的由来、知识、意义后，让学生进行博饼游戏，体验博饼给人们带来的欢乐与友情。

2. 学习闽南童谣《中秋博饼》。

中秋月饼一面镜

照甲大厅光映映

街头巷尾博月饼

厝内喊甲大细声

孙仔细汉博一秀

阿姐博无让大兄

博着对堂安妈赢

安公博着状元饼

【设计意图】： 将闽南童谣引入课堂，让学生获得真实体验，使学生的生活积累与运用有机地结合起来，以驱动学生一颗颗灵动的心，诱发他们对闽南文化的热爱。

六、板书设计

状元插金花

活动由来

博饼知识

博饼意义

体验活动

第二章 丰富实践体验，促进知行合一

学生的道德与法治性发展源于他们对生活的认识、体验与感悟，道德与法治注重学生生活的价值，学生的生活对本课程的构建具有重要价值。真正的德性课堂应该创设问题情境，践行生活德育，开发课程资源，关注生命成长，关注活动品质。让学生在体验活动中展示观点，在情感冲突中识别观点，在辨析行为中确定观点，形成自己正确的评价事物的观点和方法。

第一节　学校大思政课实施浅议

随着教育改革的逐步推进，培养学生的"核心素养"成为当代教育的主要目标。大思政课借此东风，从全局角度出发，引导学生形成正确的世界观、人生观和价值观，立足于德育教育的根本，结合日常教学工作渗透式、总领式实现教学目的。文章阐述了学校实施大思政课的意义，论述了学校大思政课实施的策略，包括大思政课理念的建立，主题思想的确立，以及大思政课开展的途径，旨在提升小学阶段教育中思政课程实施的有效性。

一、引言

思想政治课程是九年义务教育体系中必修的重要课程之一。小学阶段正是青少年树立理想、认识世界、形成人生观的重要时期，所以，思想政治课程发挥着重要的作用。除了标准的应学的课程体系以外，思政观念还应该渗透到学习的各个维度和生活的各个角度，以"润物细无声"的形态带领当代青少年学生建立正确的人生观念，养成良好的道德品质。在各科课程中思政元素，把思想政治教育融入专业课程的知识传授中，立德树人，德育为先，实现知识传授、能力培养、价值引领的融合，提升科技道德水平和思想政治觉悟，为国家和社会培养优质的储备人才，这也正是大思政课规划与实施的重要目的。

二、大思政课实施的意义

"德为才之帅，才为德之资"，学生在学校所接受的系统教育中，德育方面的占比将越来越大。"国无德不兴，人无德不立"，全面提高学生的道德素养和政治素质，正是大思政课规划的核心目的。虽然道德与法治课程伴随着学生的一路成长，但仅仅靠课堂知识的学习或教材内容的指引是远远不够的。德育方面的实践性和应用性非常广泛，在促进学生身心健康发展的前提下，增强学生的政治认同，培养学生爱国爱民的精神，提高学生的文化自信，是可以运用大思政课来实现的。因此，在小学阶段实施大思政课具有重要意义。

首先，大思政课能够帮助教师和学生掌握思政建设的主题思想。人类的"道德"有时是显性的，有时是隐形的，而且包含的内容非常宽广复杂、灵活多变，所以在关于思政课程学习中，大思政课可以根据社会的具体变化和学生的具体表现来拟定一定的主题进行广泛式教育。比如，当前我国社会新冠疫情多发，政府的引导思想从"严防死守"逐渐转变为"动态清零"，高中低风险区的管控和隔离时间也根据现实情况有所调整，在大思政课上，可以以配合新冠防控为主题，带领学生进一步认识病毒情况、传播途径、防范要点，让学生能够积极主动地了解这些息息相关的动态情况，树立正确的病毒防范意识，带头做好防范工作，不盲从不恐慌地应对病毒传播。

第二，大思政课具有整合作用。大思政课的出发点与义务教育系统的思政课有所相同也有所不同，相同的是思政课的总体思想是一样的，不同的则是立足点和高瞻远瞩性不同。大思政课可以从更高更全面的角度进行总体规划，还可以整合思政课中的理论与实践结合性的学习，具有整合作用。大思政课是落实立德树人根本任务的关键性课程，也是引人以大道、启人以大智、育人以大德的人生大课，而学校教育体系中的思政课则是以日常点滴的学习和引导为主，汇聚小泉以入大海，海纳百川则整合性突显。

第三，大思政课具有实践作用。大思政课可以打破课堂教学形式，在课内课外一体化教学基础上着力构建专题课堂、网络课堂、社会课堂等实践性的教育阵地，组织丰富多彩的实践教育活动，将理论学习与实践性更好的结合。在传统教学中，教学方式与教学形式具有一定的局限性，难免枯燥无味，难以唤醒学生的学习兴趣。在新时代背景下，大思政课具有很强的实践作用，能让学生对思政课具有更深的体验和感悟。

第四，大思政课具有统整性。统整的字面意思是统合整理，就是将两个或两个以上，看起来不相同但却相关的概念，事物或现象组成一个有意义的整体。大思政课正是将所有关于思政方面的知识点进行统一和整合，把握大方向，指明发展和学习的具体要点。

第五，大思政课具有时代性。大思政课立足在思政课的基础之上，却肩负着与时代同轨、与社会同步的责任与重担，具有鲜明的时代性。近几年的新冠疫情病毒防疫、嫦娥五号登月、神舟十三号和十四号载人飞船的顺利发射、宇航员在宇宙空间站天宫一号长达半年的科学考察等等，都是具有划时代意义的，值得在大思政课上进行分享和学习，培养学生的爱国主义情怀，以及对我国综合国力的自信。正在身边发生的大事情，无法融入课程教材中，但是，可以运用大思政课做专题分享，以期达到思想政治教育的根本目的。

三、大思政课实施策略

小学生正处于人生思想和观念的形成前期，因为时代发展的原因，网络信息技术的发达，开放式的网络环境极大的影响和干扰着学生的德育形成，所以正向的指引和点拨非常重要。大思政课可以根据学生学情，进而从以下方面考量实施策略。

（一）大思政课理念的建立

课程思政建设的内容包括大思政课和教育系统的思政教学，都必须厘清思政教育的内容。紧紧围绕坚定学生理想信念，以爱党、爱国、爱社会主义、爱人民、爱集体为主线，围绕政治认同、家国情怀、文化素养、宪法法治意识、道德修养等重点优化课程思政内容供给，系统进行中国特色社会主义和中国梦教育、社会主义核心价值观教育、法治教育、劳动教育、心理健康教育、中华优秀传统文化教育。所以，在这些内容中和要求下，教师与学生首先要建立"大思政课理念"，并且认同大思政课理念。大思政课不是额外的加课，也不是一种学习负担或任务，而是对自己思想上的指点和德育教育的补充，是符合成长需要的营养食粮，是总领式的思想政治教育课堂。

（二）主题思想的确立

大思政课，顾名思义重点在"大"上做文章；国之大者，重在德育，思政课本身担当了为国育才、以德育人的重要责任；既负有传道、授业、解惑的教育使命，又肩负着维护国家安全、培养社会主义接班人的政治使命，在现代教育体系中具有特殊的地位和重要的作用。所以，在大思政课规划时，主体思想的确立非常关键，既不能空泛无力脱离实际，又不能太过具体详细而忽略重点，只有合理、合适、合情的确立主体思想，才能让大思政课发挥异彩，教学效果事半功倍。

四、大思政课实施的途径

学中做，学中教，学中悟；做中学，做中教，做中悟。大思政课程落实在教学中的学与做上，其实施途径可以从以下几点进行。

（一）组织活动，促进大思政理念贯穿

大思政课可以利用专题活动的方式，组织学生进行巩固创新型学习，将大思政理念贯穿到成长环境和成长过程中，得到更实际更深刻的体验，促进个人道德品质的形成和是非观念的正确区分。例如，在学习《诚实守信》这一大思政课专题活动的学习时，可以先让学生结合生活中的例子和教材内容对"诚实守信"这一概念进行理解，什么是"诚实守信"？做人为什么要"诚实守信"？当遇到特殊情况时，还需要坚持"诚实守信"吗？诚然，诚信是一个人必须具备的道德品质，对个人、对家庭、对企业、对国家和社会来说都非常重要。我们从小听着"狼来了"的故事长大，深深理解"诚实"的重要性，但在现实生活中出于种种原因却总是混淆这个观点，所以在学习中，可以一边利用视频播放自古以来关于"诚信"的故事，在故事播放

结束后邀请学生进行感想分享，或者写观感；也可以将学生在生活中遇到的关于"诚实守信"的相关困惑提出来讨论或解答。有学生说，"言必出，行必果"的名言足以说明"诚信守实"的渊源；有的学生说，诚信是做人的基本道理；而在生活中经常发生许多不诚信的事件，比如以假乱真、考试作弊、作业抄袭、缺斤少两、欺骗别人等，自己或身边的人是否也存在过这样的情况，继而反思自己的行为，并在日后进行改进。在这样互动的过程中，让学生从单一的接收和输入式学习，转变成理解式、输出式、分享式的学习。在大思政主题下，让思想政治德育教育更加有意义。

（二）取材生活，丰富大思政课程教育内容

教育改革适应时代和社会发展的需要，以培养学生的"核心素养"为教学目标逐渐取代了传统的应试教育目标。"核心素养"落实在教学中，就是提高学生的道德品质和利用所学知识去发现问题和解决问题的能力，所以，大思政课应建立在社会实践的基础上，是与现代社会动态发展紧密相连的。因此大思政课可以在现代社会中进行取材，对时事、政治、社会热点和焦点等事件进行分析和评论，而不是局限于教材内容或者照本宣科。例如在学习《维护国家利益》这一内容时，可以在热点、新闻、社会焦点等内容上取材。每一个中国公民不管从事什么样的职业，都应以维护国家利益为先；有国才有家，只有国家强大，个人才能施展才华。所以，国家利益重于一切。曾任中国外交部长王毅霸气驳斥外国记者，是维护国家利益；钟南山院士带领医护人员防疫抗疫是维护国家利益；核动力专家彭士禄为我国核动力研究做出创新型贡献是维护国家利益；神舟十四号三位宇航员在太空出差 6 个月也是维护国家利益。为了让学生能

够懂得不管在什么岗位上，均是以国家利益为先。同时"天下兴亡，匹夫有责"，国家的进步与成就也离不开人民的劳动，在大思政课学习中，督促学生以国家建设者为榜样，为国家的进步和发展贡献自己的力量，成为一个对国家有用的人。

（三）结合实践，让大思政课走出课堂

大思政课的教育阵地可以进行多方位的灵活开发和创新，可以是网络课程、可以是实践课程、也可以是线上线下同步进行的，利用这些教育阵地，持续拓展教育空间，深度渗透思想政治理念，让大思政课取得更好的效果。丰富多彩的实践教育能将课堂变得更为具体和开放；立体生动的网络教育能拓展思维，开阔视野；线上线下同步课堂可以让学习无缝对接，加深体验感和参与度。例如，在"缅怀革命先烈，珍惜和平年代生活"的大思政课规划时，可以组织社会实践课，先进行本地调查，对当地红色文化纪念馆、博物馆、展览馆等地方进行调研和考察，再根据考察情况精心设计红色研学活动，其中可以由提前预习和了解过的学生担当义务讲解员、服务志愿者等角色，由学生带着学生实地学习，引导学生更加关注社会，体验和感受红色革命的精神力量，促进形成正能量的世界观。

（四）创新方式，创造多元化的大思政课堂

大思政课可以充分运用"互联网＋资源"和信息技术的力量进行教学方式和方法创新，从而增加课堂的趣味性和多元性，营造和谐愉悦的课堂氛围，助于提高学习效率。同时还可以多进行家校联合，协同家庭和社会开展大思政课教育，丰富学生对道德素养、综合素质、理想信念、人生观价值观等的感受和体验，三方结合打造大的良好的思政环境，夯实学生的思想素质基础教育，让正能量正方向的思

想观念浸润学生的心田，真正起到思想政治课应该达到的效果。例如，在大思政课学习中，可以要求学生进行课前预习，在上课前让学生通过不同方式的表现代入课堂，对相关社会问题的主题演讲、辩论赛、角色扮演、新闻播报等，调动学生的积极性和参与度，增强他们的思辨能力、表达能力。再比如，通过微信小课堂、线上交流会、直播等形式将大思政课分解成小重点，让学生能够时时刻刻处于正向带动的思想环境中，根据自己的学习情况针对性地选择巩固知识点，加深认识。

（五）整合资源，凸显大思政课之"大"

大思政课的"大"字不仅体现在教学方向和教学受众的大层面上，也体现在教学内容的高瞻远瞩、教学角度的站高立远上。历史能追根溯源，指导学生更好地寻找未来的方向，确定信仰信心和信念；历史也能"以为镜""知兴替"，让学生了解时代变化的规律，抓住社会发展的大势；历史更是用鲜活的史实不断地传承伟大的精神力量，"人无精神不立，国无精神不强"，历史川流不息，精神代代相传。历史资源在大思政课中丰富磅礴，善于运用历史资源，可以让思政课活灵活现，充满精神力量。

习总书记强调："领导干部要胸怀两个大局，一个是中华民族伟大复兴的战略全局，一个是世界百年未有之大变局。"在大思政课中需要引导学生认识世界、认识中国，认识中国与世界的关系和发展大势，是思政课教学的使命和任务。国际信息、全球发展状况、世界局势变化等这些内容也应该融入到大思政课中，开拓学生的眼界和思维，为坚定学生爱国主义情怀，提高民族自信心，加强信仰和信念打下基础。

五、结束语

综上可知，小学阶段大思政课的实施对于学生的思想政治教育具有非常重要的作用和重大意义。大思政课是培养学生良好的思想品德的教育教学手段，只有首先建立大思政课理念，确定大思政课主题，运用好各种实施途径，才能真正的提高大思政课的教学质量和效率，充分发挥立德树人的教育作用。

第二节　如何上好品德常态课

在平常的品德课教学中，我们深深地感受到课堂教学还存在着学生主动参与程度不够，关注学生探究发现少；教学目标定位不准，教师关注预设教案执行多；教学方式不太丰富，课堂活动被异化；现代技术与学科缺乏整合，情感体验单一等诸多低效甚至无效的现象，这与课程改革的目标还有一定的距离。陶行知先生说过："凡做一事，要用最简单、最省力、最省钱、最省时的法子，去收最大的效果。"怎样上好品德常态课呢？

一、创设问题情境，拨动情感心弦

教师要凭借各种教学手段，根据教学目标和学生存在的问题，通过具体、有趣的发散性问题创设真实有效的问题情境，营造出积极主动、积极探究的过程，让学生在真实或模拟问题情景中，学会选择和判断；让学生在道德冲突中探寻和建构；让学生对善恶作出自己的评价，形成自己的观念，践行正确的道德准则。笔者在《让我们学会合作》教学时，从学生的角度出发，选择贴近学生生活的内容去设计教学活动。这节课围绕"什么是合作——合作的意义——怎样合作——合作的乐趣"这一主线展开活动。以学生感兴趣的活动贯穿课堂的始终，引导学生自主体验，达到了人人在活动中获得"合作"的真实感受。一开始就以学生喜欢的表演形式走进课堂，让学生萌发急于想探索"合作"的奥秘。同时注意创设宽松、有趣的活动环境，并掌握"合作"的技能，便于指导今后的学习、生活。在整个活动中，笔者始终将自己定位于参与者，放手让学生自己实践、体验。同时通过游戏"同舟共济"的开展，让学生真正地感受到了合作的重要性，合作的乐趣。

二、践行生活德育，深化情感体验

生活是品德课程的基础。我们要求学生用自己的眼睛观察生活，用自己的心灵感悟生活，用自己的方式探究生活，提高生活的价值。只有源于儿童实际生活的教育活动才能引发他们内心的而非表面的道德情感、真实的而非虚假的道德体验和道德认知。教师要关注学生现实的生活和未来可能的生活，把不同的生活场景搬进课堂，让学生提炼生活场景。引导学生回到生活中去，回归到生活的本源中去。我们要努力把学生看到过的、听到过的、经历过的社会事件或者道德问题作为教学的切入点。

《争当"护牙小卫士"》教学课一开始，笔者用小蓝脸和小红脸的动画，形象地让学生明白细菌在牙齿中安家会给生活带来什么样的不便，并将视频中的内容拉近到学生自己的生活，让他们回忆自己或家人牙疼时的不舒服。接下来用谁是"护牙小博士"的这个环节，让孩子们了解一些换牙期的知识，懂得换牙期是从 6 岁到 14 岁，而许多生活中的不经意的小习惯都会让牙齿生长得不整齐。学生懂得一些有关牙齿的小知识，了解换牙时的注意事项；了解正确的护牙方式，养成良好的护牙习惯。

三、开发课程资源，丰富品德课堂

鲁洁教授说："品德教学是实现人类经验结晶的智慧与学生的经验、智慧的融合，要在教材的普适性与学校所在场域的特殊性之间找到平衡点。"课程资源是开放性的，生成性的，多样性的。我们要认识到自己的主要职责是为学生的学习创设一定的教育情境，教师要结合当地气候特点、风土人情以及学生的学习准备等情况开发运用地方课程资源，丰富品德课堂。

教授《乡音乡情》时，笔者立足家乡的实际情况，充分挖掘地方资源，引导学生通过调查、访问、体验、合作、交流等方式，聆听乡音，感受乡情，品味民间文化当中体现出来的家乡人的思想、情感和性格。 在了解了家乡人的智慧、家乡传统与进步的变革，见识了来自不同家乡的文化瑰宝之后，笔者引导学生的视线开始转向厦门民间文化的探索，让学生体验乡音乡情与形成家乡人独特性格之间的关系，进而使学生从心灵深处，自发地产生一种作为家乡人的自豪之情及热爱家乡、热爱家乡人的积极情感。

四、关注生命成长，直面学生心灵

苏霍姆林斯基说：在每个孩子心中最隐秘的一角，都有一根独特的琴弦，拨动它就能发出特有的音响，要使孩子的心同教师讲的话发出共鸣，教师自身就需要同孩子的心弦对准音调。从生命成长的高度看，我们的品德课堂应该是在人本精神的指引下，通过构建适合学生生命成长的教学方式。根据孩子的个性特征，努力营造一个平等和谐的氛围，进而帮助学生达到至善、立真、求美的境界。

眼睛是我们身体的重要器官。随着孩子们年龄的增加，看书、画画的机会越来越多，保护眼睛就显得更重要。二年级学生的认知水平还不高，思维还较为具体、形象，好奇心强，学习欲望高，笔者在教学《保护眼睛》时，围绕儿童通过了解自己身体的基本特征，通过引导学生游戏、活动、观察、思考、交流和小组讨论，结合生活实际来表达自己的感受和想法。用家长、学生的评价表的方式督促学生，学生意识到眼睛对自己生活的重要作用，从中体验到爱护自己的身体，养好良好的生活与卫生习惯。

五、关注活动品质，体现教育价值

有效的教育必须采用学生乐于和适于接受的生动活泼的活动方式。教师要关注的是活动的效度，使活动真正具有教育价值并适合于学生，使活动真正为学生的发展服务。在注重活动形式的生动趣味时，要更多去关注活动内在品质，加深学生的情感体验、提升学生的道德认知、深化学生的思维和认识水平。要针对学生情感上的障碍、行为上的误区、认识上的盲点，有的放矢地进行指导。真正走进学生，了解学生的现实生活；要设计丰富多样的活动形式，吸引学生参与；要求学生积极主动地参与交流、参与探索、参与汇报，有所收获。

教学《我爱家务劳动》时，笔者首先设计了"交流分享，我会做家务"的环节。孩子交流了自己做的家务活时的照片，分享了做家务活时的快乐，向小伙伴展示了自己的劳动小本领。在口头交流中，在同伴教师的赞许下，引导孩子从中体验做家务的成功与喜悦，并从中获得享受。然后设计了"叠衣服比赛活动"，为学生创设了一个实际动手操作的平台，让儿童在实践操作中，加深对劳动的情感体验。学生在做、比、评中交流劳动经验，体验收获成功的快乐，同时树立身边的劳动榜样，激发儿童做家务的愿望。

第三节 小学道德与法治学科体验学习方式浅探

如何实现从"教"为中心转向为以"学"为中心，是新课程实施的关键，而学生学习方式的转变是关键中的关键。体验学习是一种基于通过学习者自身的活动获得直接经验的学习方式，是小学道德与法治学科的主要学习方式之一。文章就笔者的实践归纳出体验教学的四种类型。让情境拨动情感，让生活走进课堂，让文化熏陶情感，让资源盘活课程是完成这一学习方式的有效策略，希望对学生形成有效的学习方法具有现实的指导意义。

一、体验学习的内涵

体验学习是一种基于通过学习者自身的活动获得直接经验的学习方式，它使学生通过亲身经历去体验、感悟和内省，实质上也是学生的生命体验过程。体验学习的重要价值不在于学会某种操作方式，获得某种技能，而在于学生在活动中获得的对实际的真实感受，这种内心体验是形成认识，转化为能力的原动力。它不仅仅发生在活动的过程中，它会作为活动的结果而存在，并且作为活动追求的结果。

二、体验学习的预期目标

实施"体验学习"就是要求学生用心智去感受、关注、欣赏、体会事物、人物、事实、思想，促进学生有道德、有尊严、有品位的生活，实现教育民主化，形成师生互动，相互激励、促进的教学新格局；在教学活动中，要立足课堂改革、优化课堂教学模式，突出精讲点拨，讲究艺术提问，激发学生学习兴趣；使教学过程成为学生主动学习，勇于探索的动态过程；使"体验学习学习"成为道德与法治学科的主要学习方式。

三、体验学习的几种类型

1．**情景体验式**。情感体验式就是指教师捕捉和优化道德情感的引发点，引导学生情感活动参与认知活动，以期激活学习者的情境思维，从而在情境思维中获得知识、培养能力、发展智力的一种教学活动。情景体验式主要有表演体会情境、音影渲染情境、游戏展现情境、图画再现情境、故事引发情境等形式。

2．**操练体验式**。操练体验式是指在教学过程中，有目的地切入主体性活动，让学生亲自动手，亲自操练，在试一试、读一读、做一做、画一画、算一算、练一练的活动中，获得真切的情感体验。 操练体验式主要有游戏互动、情景表演 、实验验证 、反复练习等形式。

3．**角色体验**。所谓角色体验，就是在课堂教学中，让学生根据故事、事件的情节，扮演各种社会角色，领会各种社会角色的责任，体验相应角色的感受，练习"承担"相应角色的义务，学习承担一定社会角色所应有的态度和所需的能力。道德教育从一定意义上说，也就是要正确对待自己，正确对待和处理个人与他人、社会的关系，实际上也可以说就是要学会"角色承担"。

4. **内心体验**。学生获得了切身体验的东西，才能入脑入心，珍藏永久，对人生的成长与发展起到巨大的引导作用。因此，笔者认为学校德育最有效的途径就是有效地组织道德实践活动，有效地创设富有感染力的、真实的道德情境，促使学生对道德的切身体验。

四、课堂上如何落实教学策略

（一）创设情境，在活动中感悟道德

教师要从学生已有的生活积累出发，充分发挥学生已有的认知水平和理解能力，创设学生喜闻乐见的体验情境，将遥远、陌生的教学内容生活化，尽可能拉近学生生活与教学内容的距离。教师在体验活动中适时地点拨，引导学生更高层次的感悟，促进学生在行为体验的基础上内化与升华，将亲历中对事物、知识的感知或对情境、人物的情感体验内化为自身行为或观念，提升学生的道德认知、深化学生的思维和认识水平。

教学《快乐亲子会》，笔者从儿童的生活中捕捉有价值的内容请孩子介绍自己的家、说说家的故事，围绕"爱与亲情" 设计了亲子测验、亲子游戏、亲子交流等教学环节。让孩子们在与父母的互动中暴露自己的心迹，宣泄自己的情感，展示自己的认识；家长也在互动中反思自己，增进对子女的理解。教师巧妙地把严肃的话题置于创设轻松、欢快的活动氛围，引导学生主动参与活动，孩子们在妙趣横生，情趣盎然的活动中感受生活的快乐。

（二）着眼生活，在生活中学习体验

道德与法治课程就是要促进人有道德、有尊严、有品位的生活。

道德与法治课程最终走向哪里？它必将穿越狭窄的课堂空间，走回到德育生成的广袤沃土之中，回到生活中去，回归到生活的本源中去。因此，道德与法治课程要引导学生在生活中学会体验、学会生活。课程强调回归生活，应该是儿童眼中的生活世界，是学生从自己的生活世界出发，用自己的眼睛去观察社会，用自己的心灵去感受社会，用自己的方式研究社会。

教学《走近残疾人》，笔者设计了几个体验活动。第一：人人闭上眼睛，体验盲人世界。第二：继续闭上眼睛，慢慢站起来，慢慢走几步。然后思考这几步与你平时走的有什么不一样？第三：每组再派出两个同学继续参与体验，一个蒙眼，另一个护送带教室后面的桌子后再折回。另外还要请出一个同学单独蒙眼体验。三次体验活动层层深入，体验活动的设计为教学目标的达成服务，教师让学生自己去经历残疾人的生活，真正体验到残疾人的困难，生活的艰辛，自觉地对残疾人产生同情心，愿意尽自己所能去帮助残疾人。这个主题活动强调增强道德与法治教育的实效性，将道德与法治教育融入儿童的生活，提高了教育效果。

（三）文化渲染，在熏陶中升华情感

中华民族的传统文化源远流长，对人类社会的文明进步做出了不可磨灭的贡献。学校教育作为中华民族传统文化的载体，承载着民族精神和民族灵魂，在传统文化发展中起着重要的作用，德育教学应融于传统文化之中。把德育教学放到中华民族传统文化的大环境中，有助于实现德育教学的理念创新、内容创新、方法创新，有助于为学生构建一个和谐的、宽松的、自主的学习环境，有助于培养学生的人文素养和健全人格。

中秋博饼，是厦门所独特的民俗民情，也是引起学生兴趣的话题。这活动是什么时候才有，又是何人发明，又有什么象征意义呢？于是，笔者结合《乡风乡俗》课程的学习，生成了对这一主题内容的探究活动。笔者设置了了解博饼的由来，采访了"厦门通"范寿春老爷爷，交流博饼知识，课堂体验博饼的乐趣等环节。活动内容直接取材于闽南乡土文化，以学生为主交流了关于闽南中秋博饼的各种知识，特别是关于闽南中秋博饼的历史背景知识，让学生明了博饼的文化意义和社会意义，生动形象地表现了闽南中秋博饼的热闹场面，加深学生对中国传统文化的认识，提升学生的情感。

（四）链接资源，在愉悦中增长知识

教师要树立起鲜明的课程意识、资源意识，应该认识到"整个世界"都是课程资源，作为教师就应当善于发现每一个可能会涌流无限生机的"泉眼"，利用社区资源，通过家乡的历史、家乡的地理环境、经济特点、交通规则等方面的知识，实现多学科、多领域的交叉，加强学生对他人、对社会、对自然的认识和理解，培养学生对生活的积极态度和指导学生认识生活、参与生活和适应生活的能力。

梧村社区是厦门市的交通、商贸中心，周边拥有火车站、长途汽车站、公交始发站及BRT等城市交通设施和沃尔玛、家乐福、乐购、等大型商业中心以及东南亚酒店、华夏大酒店、南方饭店等旅游酒店、周边高楼林立。教学《变化中的社区》，笔者根据学校所处社区的特点，以《变化中的社区——从"吴村"到梧村》为课题，引导学生用自己的眼睛观察梧村社区，用自己的心灵感受梧村社区，从交通、商业、居住探究究梧村社区的变化，增加了学生的情感体验。致使学生在头脑中激活自己的生活环境并有所思考，根据自己的思考做出自己的结论，转化为自己的心智结构。教师从儿童的实际出发开发教材，顺应儿童的发展。

第四节 在情境体验中拨动情感的心弦

小学德育课可以采用情境教学法，本文主要就小学德育课情境教学的特点、模式、具体做法等方面进行探讨。希望以此促进小学德育课教育模式的改进，进一步增加德育课的吸引力、感染力和说服力。

一、问题的提出

如何陶冶学生高尚的道德情操，造就一大批全面发展的一代新人，乃是小学德育课程的中心任务。如何提高德育课程教学效果？笔者认为创设教学情境是有效途径之一。教师怎样从文本的特点和学生的理解水平出发，抓住文眼、文词、文脉、文情等几方面创设教学情境，让学生在切身体验中引发情感共鸣，达到"润物细无声"的效果呢？

二、情境教学的特点

所谓情境教学，是指在教学过程中，依据教育和心理学的基本原理，根据学生年龄和认知特点的不同，通过建立师生间、认知客体与认知主体之间的情感氛围，创设适宜的学习环境，使教学在积极的情感和优化的环境中开展，让学习者的情感活动参与认知活动，以期激活学习者的情境思维，从而在情境思维中获得知识、培养能力、发展智力的一种教学活动。情境教学既不同于教育学，亦不同于教学论，它仅仅是依据教育学、认识论、心理学和教学论原则，在认知活动中充分开发非智力因素，从而实现愉快教学的基本教学模式。

它有四个主要特点：

1. 形真。主要是要求形象富有真切感，即神韵相似，达到"可意会，可想见"。主要是要求形象富有真切感，即神韵相似，能达到可意会，可想见就行。如同京剧中运用的白描手法一样，演员操一把船桨，就表示船在水上行驶；摇一根竹鞭，就意味着跃马奔驰。

2. 情切。即情真意切。儿童的情感是易于被激起的，一旦他们的认知活动能伴随着情感，教学就成为儿童自己的需要，成为他们情感所驱动的主动发展的过程。"情感进入课堂"这一极高的境界，通过情境教学这一模式，便得到了实现。

3. 意远。形成想象契机，有效地发展想象力。情境教学讲究"情绪"和"意象"。情境，总是作为一个整体，展现在儿童的眼前，造成"直接的印象"，激起儿童的情绪，又成为一种"需要的推动"，成为学生想象的契机。

4. 理蕴。情境教学的"理寓其中"，就是从教材中心出发，由教材内容决定情境教学的形式。在教学过程中，创设一个或一组围绕教材中心展现的具体情境。情境教学"理蕴"的特点，决定了儿童获得的理念，是伴随着形象与情感的，是有血有肉的。

三、情境教学的模式

1. 创设情境、明确目的。因为儿童的学习动机更多地被感情驱使，所以情境教学强调在连续动态的情境中不断地维持、强化儿童的学习目的，促进学习动机与情境之间持之以良性的互动。

2. **强化感受、淡化分析**。通过优化情境，引导儿童从感受美的乐趣中感知教材。

3. **联系实际、再现情境**。情境教学必须联系实际创设典型场景，激起儿童热烈的情绪，让学生在情境中辨析明理。

4. **优化情境，增长力量**。在教学过程中让儿童通过自身的活动，充实教学内容，丰富教学形式，指导实践。

四、情境教学的具体做法

（一）表演体会情境

小学生对行为是非的认识往往是片面、简单的，如对什么是"勇敢""友谊"的认识，经常发生偏颇。而小学德育课程的主要任务是提高学生的道德认识，培养学生判断是非的能力。因此，教师在进行主题教育后，为巩固学生掌握的道德知识，提高判断是非能力，可设置表演环节。如教《生活中的你、笔者、他》时，教师通过学生角色表演，设疑辨析议论：上课铃响了，教室里静悄悄的，这时，平时是好朋友的小明和小王却吵着嘴走进了教室，小明嚷道："是你先撞着笔者的！"小王高喊："是你先骂笔者的！"两人争得面红耳赤，不可开交。表演结束，老师提问：你们感到奇怪吗？大家都知道他们本来是一对好朋友，今天为什么事吵嘴了？他们错在哪里？这里对小王和小明的行为评判，只是一种简单判断，而回答"错在哪里"则需要有一定的道德评价能力。通过表演以激疑思，教师既可了解学生道德观念形成的程度，又可加深学生对所学道理的理解，提高辨析是非的能力。

（二）音影渲染情境

音乐的语言是微妙的，也是强烈的，给人以丰富的美感，往往使人心驰而神往。电影往往在情节关键处配以音乐或插曲，就是因为它增强了艺术感染力，调动了人的情感因素。同样道理，教师设置教学情境，恰到好处的音乐以其特有的旋律、节奏塑造出音乐形象，能把学生带到特有的意境中，这会取得理想的教学效果。如教《从家乡看祖国》时，教师在讲课前可向学生提出问题：厦门是文明城市，很美丽。可你们知道"美"在哪里呢？然后请大家看家乡厦门风光片，同时让《鼓浪屿之波》美妙旋律在课堂响起。美好的画面、恰到好处的音乐把学生带到特有的意境中，教学就能取得理想的效果。

（三）游戏展现情境

游戏是教学中所采用的带有"玩"的色彩的活动形式，也是儿童喜闻乐见的学习方式，若能在教学中采用这种形式，更能激发学生的学习热情和道德情感。如教《过去的游戏真有趣》，教师可根据小学生好动、爱玩的特点，在导入新课时，让学生在操场上做抽陀螺的游戏。等学生游戏完，提示学生：这样的游戏好不好？然后揭题"今天的游戏方式和过去有什么不同"，师生一起学习课文。教师以游戏展现情境，不仅调动学生全方位多感官地参与活动、感受游戏的乐趣，更重要的是激发了学生的求知欲。

（四）图画再现情境

借助图画可以再现教学情境，可以把课文内容具体化、形象化，收到"一图穷千言"的效果。在图画面前学生看得清楚，感受得真切，能迅速立体地感知课文内容，易于接受和理解，涵养美感。课文插图、挂图、简笔画等都可以用米再现教学内容情境。根据教学内容和教学要求的需要，教师要合理地运用幻灯、挂图，加以生动的描述，创设与教学内容相适应的教学情境，使学生情绪受到感染。如教《地图就是一幅画》，笔者绘制了一组以学校为主线的图画，让学生边看图，边听老师的描述，使学生很快被带进了"学习生活"的情境。学生在看、听的过程中明白自己学校的位置。

（五）故事引发情境

用故事描述文本的内容，让学生快速走进文本。这样既能提高学生的学习兴趣，还能把文本中的情境展现出来，让人产生身临其境的感觉。小学生爱听有趣的故事，教师可根据教学的需要引用故事设疑揭题。如教《用心体会家乡》，在讲过故事《春游》后问学生：四年（1）班几个同学决定去春游，后来为什么确定不了春游的地点呢？因为厦门到处有美丽的风景，教师欲擒故纵，就很好地达到了揭题的目的。

在小学德育课程教学中，笔者始终注意三点：一是所创设的教学情境必须建立在掌握大纲要点和教材重点的基础上；二是所创设的教学情境切实体现德育原则，激发学生兴趣，启迪学生心灵，陶冶学生情操，指导学生行为，培养学生习惯；三是所创设的情境要适度，不能冲击正常的课堂教学结构。

第五节　基于问题探究的小学道德与法治学科教学

小学道德与法治学科旨在促进学生良好道德与法治形成和社会性发展，在提升小学生的道德水平方面起着重要的作用。但是在传统的教学中，教师过于依赖教材，不考虑学生面临的实际社会环境，导致学科的针对性不强，不能帮助小学生解决实际问题，自然他们学习的积极性和主动性也不高。教师在教学的过程中，应该注重问题的提出，注重小学生成长和学习的实际环境，从而在潜移默化中帮助他们形成良好的品格。本文就从小学道德与法治学科中问题探究的必要性和具体的探究策略等两个方面入手，以帮助小学生形成系统的知识体系，提升教学的有效性。

现阶段，小学生正处于人生发展的初级阶段，对各种事物充满了好奇，而且接触到手机、电脑等现代化电子设备的机会较多，这就导致他们容易被各种社会诱惑所吸引，再加上自身所具备的知识和生活经验较少，很容易使他们误入歧途。因此教师应该树立以小学生为本的教学理念，并注重激发他们道德与法治学科学习的兴趣，促使他们在具体的案例中，提出多样化的问题，从而更好地帮助他们在实际生活中，运用所学道德与法治知识去解决问题。

一、小学道德与法治学科中问题探究的必要性

（一）满足教学改革的需求

随着新课改的不断实施，教学大纲倡导小学生进行自主性学习，从"要我学"积极转变成"我要学"，真正成为课堂教学的主体。而基于问题探究的小学道德与法治学科教学正好符合了小学生的学习规律和特点，能促使学生对所学内容提出各种疑问，在解决这些疑问的过程中，小学生的求知欲也较强，他们更愿意主动参与到探究活动中。探究式教学还满足了教学改革的需求，打破了传统以教师为主的教学模式，学生逐步成了课堂教学的主体，他们想象和发

展的空间更广，实践能力和创新意识也有了进一步的发展。而这些良好的品质正是新课改发展所积极倡导的，在小学生的可持续化发展中起重要作用的。因此，问题探究更符合小学生的天性，更能提高课堂教学效果，提升他们的综合素质。

（二）激发学生的学习兴趣

小学生活泼好动，而且喜欢在课堂上表现自我，现阶段道德与法治学科所涉及的范围比较广，这就给了小学生积极发言的机会。教师在借助问题探究展开课堂教学的过程中，要激发小学生的学习兴趣，使他们的思维更加活跃，有利于快速掌握所学知识。当然问题探究教学，还能使小学生对生活中的案例多一些思考，能帮助他们形成完整的道德与法治知识体系，有助于他们的多样化发展。

（三）提高学生解决实际问题的能力

在传统的小学道德与法治学科教学中，一般以教师讲述为主，学生对教材和教师的依赖性较强，自主学习的能力较差，而且难以接受课程以外的知识，很难做到学以致用。而随着问题探究式教学模式的提出，小学生能根据教学内容提出多个问题，并能在教师的指导下，对这些问题进行深入的思考，从而逐步找到解决方案。在探究式学习的过程中，小学生解决实际问题的能力得到了提升，对道德与法治学科也有了更多的认识，这对于提升他们的综合素质是非常有帮助的。

二、基于问题探究的小学道德与法治学科教学策略

（一）创设生活情境

课堂导入环节生动有趣，能在很大程度上吸引小学生的注意力，能激发出他们学习的积极性和主动性，使他们的思维更加活跃，提

出的问题也更加新颖。因此教师在实施问题探究式教学模式时，应该注重良好生活情境的创设，以大大提高小学生的学习效率，达到事半功倍的效果。

首先教师所创设的生活情境应该是小学生熟悉的，是他们在日常生活中曾经遇到过的场景，这能减少小学生的陌生感，更有利于激发他们的情感，使他们提出的问题更有探究的价值。其次生活情境的创设应该采取多样化的形式，即教师可根据教学内容、小学生已有的经验等，通过讲故事、实物演示和猜字谜等多样化的形式来创设情境，小学生参与的主动性会更高，会从多个角度去提问题，思维也会更加活跃。最后是教师还可鼓励小学生自主创设生活情境，尤其是对于小学高年级的学生来说，他们能借助手机和电脑等，对道德与法治学科知识有更多的了解，也会提出更多的问题，此时教师就可组织他们自主创设学习情境，从而使他们意识到自身的主体性地位。

（二）加强师生互动

小学道德与法治学科中有很多需要小学生背诵的知识，但由于小学生的生活阅历有限，思维水平也偏低，这就使得他们以机械记忆为主，虽然浪费了很多时间，但是背诵的效果并不好。这样教师在以问题探究为前提进行教学时，就应该注重师生活动和生生互动环节，以营造良好的课堂气氛，促使小学生在活动中掌握更多的知识。

首先是教师应根据小学生的兴趣设计教学活动，促使他们对将要学习的内容产生好奇，并能主动提出各种问题，而为了使小学生在探究中获取更多知识，教师还可将他们进行合理的分组，鼓励他们以小组的形式，主动寻求各种问题的答案，从而在生生互动的基础下，使小学生得到有效的发展。其次是教师要主动参与到小学生的问题探究活动中，在以往的教学中，由于师生互动较少，再加上很多教师比较严格，小学生潜意识里害怕与教师交流，有问题会更倾向于和同伴交流，这都给探究式教学带来了一定的弊端。而在新课改下，教师主动参与到教学活动中，用自身丰富的知识去感染和影响小学生，能使小学生产生更多探究的动力。最后是教师在互动的过程中，要善于观察小学生的神态和动作，尤其是对于一些比较内向的小学生来说，他们不善于表达自己的观点和看法，但这并不代表他们没有疑惑，这就需要教师做好引导者的角色，鼓励这部分学生主动说出疑惑的地方，并耐心地指导他们进行深入的探究，从而获取问题的答案，促进小学生道德与法治学科学习能力的提高。

（三）巧妙设置疑问

在小学道德与法治学科教学的过程中，教师应该主动设置疑问，引导小学生去思考。现阶段很多小学生在学习的过程中，会产生各种各样的疑问，提出的问题也比较多，但有很多问题是没有探究价值的，如果任由小学生去探究，往往会浪费课堂时间，还达不到预期的教学效果。教师可在课堂上借助悬念展开教学，小学生在分析教师精心设计的悬念时，会联想之前学过的知识，这有助于他们把握教学重难点。而且由于教师已经给出了探究的主题，后续小学生提问题时，就会围绕着主题展开，课堂教学效果较好。

当然在巧妙设置疑问的过程中，教师不仅要关注小学生提出的各种问题，还应该重视培养他们分析和解决问题的能力，并鼓励他们运用所学知识去解决各种实际问题，以培养他们学以致用和举一反三等的能力。

（四）注重因材施教

每个小学生的性格特点不同，学习能力也不同，教师在教学的过程中，就应该注重因材施教，以尽可能地激发全体学生的兴致，使课堂教学效率最大化。

为此，教师应该遵循自身为主导和学生为主体的教学原则，并将全体小学生根据学习态度、能力和成绩等分成三个等级，初等水平的学生，只需提出简单的探究问题，并掌握基本的道德与法治知识，当他们完成教学任务之后，教师应该及时给予鼓励，以帮助他们树立学习的信心。而中等水平的学生，要尽可能地回答初等水平学生提出的各种问题，并结合自身的感悟，谈一谈自己的看法，尝试提出更多的问题。高等水平的学生应该主动去帮助其他小学生完成问题探究，并整合较难解答的问题，积极寻求教师的指导。总之，教师要做好因材施教，就应该对小学生多一些了解，并在教学的过程中，进行针对性地指导，从而促进学生的全面发展。

（五）借助多媒体教学

在小学道德与法治学科教学中运用多媒体组织教学活动，能丰富现有的教学形式，带给小学生视觉、听觉等多方面的冲击，尤其是多媒体中的声音、动画和视频等，对于小学生来说是新鲜事物，能使他们学习的兴致更高。

首先教师应该借助多媒体设计新颖的教学环节，在传统的小学道德与法治学科教学中，教师一般以讲述为主，整个课堂比较枯燥，小学生的注意力难以集中，教学效果较差。而在利用多媒体设计教学环节时，教师可将多媒体中的图画、视频等与实践活动相结合，例如小学生在观看了具体的教学案例视频之后，教师还可选出部分学生还原视频中的故事，使他们进行分角色表演，这能使课堂教学达到高潮，学生问题探究的热情也更加高涨。其次教师还可借助多媒体播放相关的歌曲，尤其是在课堂初始阶段，很多小学生还沉浸在课下玩耍的气氛中，注意力短时间内难以集中，这样教师在上课之初，就可借助多媒体播放与教学内容相关的音乐，使小学生闭上眼睛静静倾听，听完之后有哪些感想呢？小学生会把自己听到的和想到的全部表达出来，注意力也将更加集中。最后是教师还可借助多媒体对小学生进行多样化的评价，将小学生提出的各种问题以表格的形式在多媒体屏幕上展示，而问题的提出者会得到教师的口头表扬和物质奖励等，这有利于挖掘小学生问题探究的动力。

综上所述，探究式教学不仅是一种学习手段，更是小学生长远发展所必需的一种能力，教师在小学道德与法治学科教学的过程中，应该采取多样化的教学手段，包括创设教学情境、增加师生互动环节、借助多媒体辅助教学等，并注重理论和实践知识之间的结合，从而营造良好的课堂气氛，使小学生提出更有价值的问题，以使课堂教学达到事半功倍的效果。

第六节　小学道德与法治课堂道德
批判性思维的培育

创新是否定旧事物、旧思想，提炼新思想、新观点的辩证法。辩证地否定旧事物旧思想需要批判性思维，没有批判性思维的指引，就是盲目否定。创新教育是 21 世纪教育的灵魂，素质教育的核心是培养学生的创新思维和实践能力。培育批判性思维是创新教育的必然要求，不仅有利于促进学生素质的全面发展，而且有利于提高教育质量，进一步增强我国国民的竞争力。

学生的创新能力是批判性思维的核心要素之一。批判性思维能促发学生主动发现、分析和解决问题，帮助学生形成良好的思维方式，促发新的认知。学生是民族未来的希望，具有批判性思维的学生自然会增强他们的创新精神和能力。培养学生批判性思维的方法主要有三种：一是让学生理解批判性思维的内涵，明白它是通过分析理性判断的思维方式，能及时获得信息的信度和效度；二是如何赢得批判性思维？批判性思维的获得与一般知识的获得有区别，批判性思维的获得是以记忆反思性思维理论的知识为基础，改变了原有单一的思维习惯，在批判性思维中思考问题；三是如何运用批判性思维？用重要的思维来分析和解决生活、研究和工作中的各种问题。

一、道德批判性思维培育的意义

（一）有利于提升学生学习素养

小学作为学生生活成长之初的重要启发阶段，具有丰富的人道主义意义和广泛的思考价值。道德与法治学科的人文性决定了重要思想的渗透和功能的必要性和可能性。在小学道德与法治学科教学中培养学生批判性思维，提升学生学习素养，充分发挥学生理性问题和争议的积极性在内的批判性思维训练很有必要。

（二）有利于发展师生批判性思维

批判性思维是基础教育和创新教育的基础。对于许多教育工作者来说，培养学生的批判性思维的发展不仅可以帮助学生，而且可以有效地促进教师的专业成长。国内外对批判性思维的研究已经取得了实质性进展，特别是在我国，关于批判性思维应用的研究比较多。然而，在小学的教育过程中，仍有许多教师在探索批判性思维的本质。本研究的目的是着眼于思考小学阶段学生批判性思维的学习策略，为小学生在学习生活中培养批判性思维提供参考。

（三）有利于提高学生创新能力

批判性思维和创造性思维是辩证统一的，它们协同发展，互为促进。我们要充分利用这两个优势，使两者保持良好的平衡。人们根据自己的经历来弥补批评，同时，要参与批评，提高创作的准确性和有效性。创造性思维可以很快创造出新的、更好的想法和计划，但批判性思维可以被分析、评估、判断和思考，此时最好的想法和计划会脱颖而出。前者强调开垦思想，集思广益，后者强调理性判断。建设创新型社会需要创新思维和创新能力，需要用实事求是的批判思维培养创新思维和创新技能。教育是促进人的社会化和社会个体化的实践活动，它在培养人的基础上，为社会提供各种人才，为人的生存和发展服务。在小学道德与法治学科教学中，如何培养学生的批判性思维，培养社会所需要的人才，具有重要的现实意义。

二、道德批判性思维培育的载体

（一）挖掘教学资源

教材是教学过程中的主要资源，是培养批判性思维的主要载体。由于教材各部分内容的不同，在培养思维方式的过程中起着不同的作用，不是所有的教材内容都能成为培养批判性思维的基础。那么，如何在教材中找到这些要点呢？

首先，对知识探索的质疑。受自身知识和经验的限制，小学生在学习和探索教科书知识的过程中会产生各种各样的疑惑。在思考和讨论中，教师的恰当引导可以促发学生形成批判性思维。

其次，对人生认识的分歧。由于家庭环境和生活经历的不同，学生对同一个生活问题往往有不同的理解，这也为批判性思维的产生提供了媒介。道德从来不是强制性的，而是来自灵魂的渗透。提倡多向思维并不意味着教师要肯定某一观点，而是要把批判性思维的培养融入各种观点的对抗过程中。

最后，道德判断的困境。抽象的道德原则在具体生活中运用时，往往会出现道德困境，最容易引起学生的争论，这也是批判性思维的载体。教师应引导学生在道德困境中进行深入思考和探讨，促进学生形成质疑、辩论等学习氛围。例如，学生们在教材案例中提出"我们应该对癌症晚期患者说实话"的问题时，从不同的角度得出了不同的结论。学生一："我们不应该说，因为说实话会增加病人的心理负担，并可能加重病情。"老师："嗯，这是一个专业的观点。"学生二："这是晚期癌症。如果你不告诉他，那是善意的谎言。"老师："诚信的核心是善良。不善意告知也是一种人文关怀。"学生三："应该告诉病人，他已经走到了生命的尽头。如果你不告诉他，他会死不瞑目！"老师："看来他真的很纠结。"学生四："我们必须告诉病人，告诉他真相。他可能会看淡一切，更配合治疗。没有告诉缺乏人道主义精神！"老师："这是一个判断，看来大家都很重视对危重病人的人道主义关怀，这说明我们有人文精神。我们也应该认识到，我们可能会从不同的立场得到完全不同的判断……"

这些道德困境不断引发学生们的争论，学生们在批判与反批判的过程中，不断深化思维内涵，优化思维品质。

（二）联系生活话题

思想道德教育是在人们情感体验、内化迁移和强化践行中形成的，它的基础是生动活泼的社会生活。开展生命教学是思想道德教育的要求，生命是取之不尽、用之不竭的教学资源。将学生熟悉的生活话题引入课堂讨论，是培养批判性思维的重要途径。陶行知认为，人生就是教育。在教学实践中，教师要结合教学内容，按照贴近学生的原则选择生活话题，设计恰当的问题，组织学生讨论。教师应注意问题的开放性，为批判性思维的产生打下基础。例如，教师在学科教学中联系时下媒体报道了"老人摔倒无人敢扶"的现象设计问题：老人摔倒在路上，你敢扶他吗？你应该吗？学生们对此问题非常感兴趣，讨论热烈，形成了几种不同价值取向的观点：一是弘扬中华民族的传统美德；二是社会非常复杂，要防止被陷害不敢扶；三是我们应该帮助，但是我们应该和公众一起去做。持不同意见的学生互相质疑，积极捍卫自己的立场。辩论得越多，真理就越清楚。在对生活焦点话题的反思和拷问中，在对彼此观点的质疑和批判中，学生的思维方式不断优化，道德认知不断提高。

（三）植根实践经历

思想品德课具有实践性的特点。学生在社会生活中体验、感悟、内化，形成良好的道德品质和正确的价值观。因此，可以把学生的实践经验植入课堂，组织学生交流自己的经验和思考，批判性思维可以在思想交流和观点碰撞中自然迸发出来，同时可以加深对实际问题的理解，在实践中产生的情感态度和价值观可以得到巩固和提升。教育的本质在于求真，面对学生在实践过程中发现的"虚假"和真挚的批评声音，作为一名思想品德教师，更应该鼓励和宽容。在课堂教学中，对批判性思维的期待、鼓励和关怀是优化思维品质、帮助学生学会学习、学会行为的必然要求。

三、道德批判性思维培育的路径

（一）质疑—道德批判性思维培育的源泉

批判性思维的来源是探究性的质疑。批判性思维具有疑问和反驳倾向，建设性、实用性强。当人们充满好奇地长期关注问题时，会有意识地继续收集相关信息。根据布鲁姆的目标分类，教师可以从识记、理解、应用、分析、综合和评价六个不同层次设计问题。本文结合《我们小声点》的教学实例，阐述了以下几点：

"我什么时候能说大声点？"这是事实，即直接获取各种客观信息。它包括六个要素：谁、何时、何地、什么、为什么和如何。"这种噪音是从哪里来的？"这是识记和理解的问题，即选择和组织相应的事实和观点，并发现其中所包含的客观关系。

"我们到电影院来该怎么办？"这是一个应用问题，即把相应的结论应用到生活实际中解决实际问题。

"怎么把音量调低？"这是一个分析问题，即把过程和事件分成若干部分，分别研究每一部分，把握它们之间的关系。

"我想在下课后大声喊，然后跳。我该怎么办？"这是一个综合性问题，即把通过分析得出的观点综合成一个整体或得出结论，推断未来，提出解决方案或设计行动计划。

"你喜欢什么样的声音？你有什么不同意见吗？"这是一个评

价问题，即通过比较、识别和内外部标准的结合来判断事物的价值。

在问题分类法的帮助下，我们在课前训练学生的提问能力。一个学期后，实验班与对照班有明显差异。

上述六个方面是批判性思维的基本过程。教师首先明确事实，说明事实，从各个方面分析，最后得出评价结论和建议。然而，通过对学生课前提问的分析，我们发现学生在原始状态下提问的问题大多集中在事实问题，这与对事物的表面理解有关。因此，要鼓励学生大胆提问，提高学生的思考能力和提问技巧。

（二）桥接——道德批判性思维培育的能力

桥接是将学生的实际职业生涯与课堂学习联系起来的能力，有两个方向：一是教给学生上课的内容和计划，二是班上讲授的内容和课外生涯。如果学生不能把批判的技能和思维运用到各种课外活动中去，就无助于提高技能和培养精神。桥接是这种转化的开始和加速。

以《我们的班级》为例，对教材的具体分析如下：

课题	环节	导引语	发挥桥接作用
我爱我们班	班级生活快乐多	我也来说说我们的班级生活……	关注事实性问题：何时，何人，何事？
	团结友爱	我想在班里再交（ ）个好朋友，加入（ ）兴趣小组	关注分析性问题：为什么想加入这个小组？

续表

班级生活有规则	班级生活放大镜	我发现班里也有不太文明的现象……	关注评价性问题：哪些地方你觉得不文明？
我是班级值日生	今天我值日	今天轮到我值日了，要做哪些事呢？	关注事实性问题：要做哪些事？
装扮我们的教室	他们的教室好在哪里	为了把我们的教室装扮的漂亮，我们应该先去学习其他班的教室设计，看看有哪些地方值得我们借鉴	关注事实性问题：其他班怎么布置？关注分析性问题：那些地方好？

在《大家一起过春节》中，老师从"你喜欢春节吗？"再过渡到"春节是什么时候"。接着，老师提问："你怎么庆祝你的生日？""我们新中国也有自己的生日？"如果说前一个方向激发学生的思维，是桥接的开始；后一个方向的桥接就出现在教育过程中。因此，教师在培养学生批判思维时，应注意第二个方向的桥接。前一个方向激发学生的思维，是桥接的开始；后一个方向的桥接就出现在教育过程中。

批判性思维不是字面上的"批评"，也不是一种探索或评价。如果是这样，当在面对问题时，可以积极地思考，根据自己的想法来决定结果。不能直面自己决定的结果，为别人的意见埋怨，逃避自己的责任。因此，教师在课堂中强调第二个方向的桥梁，用所学的技能开启一个深思熟虑的人生。

（三）概念构图——道德批判性思维培育的工具

批判性思维都包含着澄清意义、分析论证、评价证据、判断推理是否合理、得出可靠结论等技能。在批判性思维中，单一的推理结果是教师需要找到的，而且还需要把它放在一个包含备选方案的更广泛的框架中，以便做出最佳决策。

最近班级里发生了一件事：小苗到文具店买文具盒，出店门时，报警器响了，老板叫住小苗，呵斥他偷了文具，要搜身。小苗委屈地表示自己没有偷文具，原因很简单，小苗没有偷文具，是报警器失灵了，这是练习学生批判性思维的机会。老板错了吗？让学生独立思考，寻找这次事件的"牛鼻子"在哪里？"通过引导，同学们纷纷发表自己的看法，不能搜身，报警器坏了误报。学生在问题情境中，批判性思维得到了激发，能力得到培养。教师帮助学生形成内在认同，实现自己的行为。

当前，小学生道德批判性思维的培育十分重要，我们要以科学合理的方式培育，要通过道德批判性思维的培育，提升学生的批判能力，提高学生综合素质，培养创新人才。

教学案例1：

可爱的动物

一、资源分析

本课四个主题紧密结合"可爱的动物"这一话题展开，同时又分别侧重不同的要点。低年级的学生大多对小动物有一种天生的亲近感，因此以"我喜欢的动物"为切入点，容易引发学生的共鸣，让学生有话可说，再鼓励学生通过编谜语等多种方式表述自己个性化的喜爱理由。在此基础上，引导学生深入交流自己与动物之间的小故事，可以帮助学生回忆起更多的与动物共处的愉悦体验，加深对"动物是人类的好朋友"的认同感。"怎样才是真喜欢"这个话题，在对各种与动物共处的行为方式进行后果推测的基础上，探究如何避免将对动物的喜爱变成对它们的伤害。最后，通过"别让自己受伤害"这一话题的讨论进行安全教育，提醒学生懂得在与小动物相处时要保护好自己，从而凸现学生发展核心素养的健康生活之"珍爱生命"的培养。

二、学情分析

从学生的心理特点和认知程度来看，一年级的学生大多对小动物有一种天生的亲近感，这种亲近感使他们愿意去观察、了解动物。同时，由于他们接触动物的机会还不太多，对动物的认知还很有限，所以尽管他们有和动物交朋友的愿望，但还不太清楚怎样才是真喜欢，也不太清楚该怎样保护自己免遭动物的伤害。低年级的学生容易以自我为中心，因此在交流自己喜欢的动物的环节，要引导他们尊重别人的喜好也是不可回避的问题。本课的教学受学生生活环境的影响较大。一般来说，城市学生与动物接触的机会比农村学生少。

三、教学目标

1. 走进生活，了解熟悉的小动物的特点。

2. 喜欢和动物交朋友，知道动物是人类的好朋友。

3. 养成爱护小动物的良好行为习惯。

四、教学重难点

教学重点：了解熟悉的小动物的特点，喜欢和动物交朋友，知道动物是人类的好朋友。

教学难点：养成爱护小动物的良好行为习惯。

五、教学过程

课前游戏：《动物手指操》

（一）创设情境，激趣导入

1. （出示课题板书：动物）孩子们，今天我们要聊的话题就是动物，老师要带领你们去神奇的动物王国探险，我们必须攻克三个难关，才能走进王国和它们玩耍。

（二）我喜欢的小动物

第一关——游戏"一叶蔽目"：猜猜我是谁

出示图片（孔雀、公鸡、鸭子、大象、乌龟）

第二关——听声音猜一猜

出示动物声音（蜜蜂、青蛙、牛、狼、小鸟）

第三关——动物老师

1. 出示图片：蛙泳、蛇拳、飞机、潜水艇

2. 播放动物老师微课

3. 你们还知道人类通过学习动物老师得到的哪些新技术或新发明吗？

【设计意图】学生通过看一看、听一听、猜一猜等多种方式认识动物，通过图片视频等多途径了解丰富多彩的动物世界，激发了学

生的兴趣。

（三）我和我的动物朋友

1. 还可以怎么喜欢可爱的小动物呢？老师给同学们看几张身边朋友和小动物的图片，我们一起来看看吧。

2. 出示照片：一起喂养、一起玩、抱在一起、打滚、亲吻等温馨照片。

你从照片上发现了什么呢？

3. 小结：人们喜欢动物，最重要的是喜欢和它在一起。

4. 小组讨论：说说你和动物朋友之间的故事。

5. 分享故事，激发情感。

6. 小结：我们的成长正因为有了这些可爱的动物的陪伴才变得更加快乐美好，我们还真离不开他们。

【设计意图】在前面闯关环节的基础上，让学生谈谈"我喜欢的动物"容易引发共鸣，有话可说。接着引导学生深入交流自己与动物之间的小故事，可以帮助他们回忆起更多的与动物共处的愉悦体验，加深"动物是人类的好朋友"的认同感。

（四）总结

1. 同学们，在动物王国里还有哪些有趣的故事呢？我们下节课再接着探索。

2. 播放一首《我爱我的小动物》，和同学们一起唱。

【设计意图】齐唱歌曲拓展提升，为第二课时做铺垫。

六、板书设计

可爱的动物

朋友

爱护

教学案例2：

地球属于谁

一、资源分析

"地球属于谁"是北师大版《品德与社会》六年级下册第五单元第三主题"做一名地球卫士"这一主题下的一个子课题，所需教学课时为一课时。本单元的主旨是帮助学生了解关于世界的一些情况，知道在不同环境和不同文化背景下人们的生活方式、风俗习惯；知道社会生活中不同群体、民族、国家之间和睦相处的重要意义；关爱自然，感激大自然对人类的哺育，初步形成保护生态环境的意识。"地球属于谁"这一子课题通过对物种、生物链的讲解，让学生进一步认识到：地球不仅属于人类，而且属于地球上的其他生命（各种植物和动物）。我们只有保护好物种的多样性，保护好生态环境，人类才有可能实现可持续发展。

二、学情分析

在六年级下册科学第四单元第三课中学生已经学习了《有趣的食物链》这个知识，对于物种灭绝、食物链的有关知识有初步的了解，但没有系统地进行探究，还没能形成应有的对自然界的正确态度。

三、教学目标

1. 通过搜集物种灭绝的资料，初步了解物种灭绝的事实，能根据当今面临的环境问题，参与力所能及的环境保护活动，提出环保建议。

2. 学习简单的食物链知识，理解自然界不同事物之间普遍的相互依赖关系。

3. 在小组交流过程中，能认真倾听别人的发言，并提出自己不同的见解和补充意见。

4. 能运用网络搜集整理物种灭绝的资料，分析人与自然、人与人和谐共处的重要性。

四、教学重难点

1. 引导学生以正确的态度面对自然界的实际状况，树立保护地球生态平衡、促进大自然和谐发展的意识。

2. 能运用网络搜集整理物种灭绝的资料，分析人与自然、人与人和谐共处的重要性。

五、教学过程

（一）复习导入，地球真美丽

1. 介绍地球常识。

（多媒体课件出示）

师：地球是浩瀚宇宙中的一颗美丽行星，是我们已知的唯一有生命存在的星球。在地球存在的四十多亿年间，动、植物出现了，人类诞生了。其中，动、植物按照自身生存和发展的需要分布在地球的各个角落；而人类更是凭借自己的智慧和劳动，不断地建设家园。就这样，地球变得越发美丽，家园变得更加美好。

（播放视频）

2. 生：谈体会。

【设计意图】：让学生在直观的课件中感受强烈的视觉冲击，从中悟出：地球不仅属于人类，也属于地球上的其他生命，激发学生保护地球的情感。

（二）情感体验，了解食物链

1. 师：同学们你们在科学课《有趣的食物链》这课学了关于食物链的知识，谁能说说什么是食物链？人类活动对自然界有什么影响？

生：回答问题。

2. 师课件出示教材49页生物图片。

（1）师：请你用科学课上学到的知识，利用备课系统DrawView4.3把食物链画出来。

（2）生交流画的食物链：植物→蝗虫→青蛙（老鼠、小鸟）→蛇→猫头鹰

（多媒体课件出示）

3. 师小结引出课题：关于食物链的知识同学们掌握得真好，从科学课上我们还知道了人的活动对自然界的影响，人类是自然界的一部分，既依赖于自然，又影响自然。

【设计意图】：复习导入，应用备课系统DrawView4.3解决本课中出现的食物链概念，达到学科知识的正迁移效果。引导学生进一

步认识自然界不同事物之间普遍的相互依赖关系。

（三）创设情境，了解地球的过去和现在

过渡语：从片子中我们了解了在工业社会以前物种是自然灭绝的，而人类进入工业社会以来以地球的主人自居，随意地对待地球上的其他生物，造成物种灭绝的速度是惊人的。请同学们算一算兽类灭绝的速度。

1. 算一算：了解物种灭绝的速度。

（1）师出示题目：在工业社会以前，兽类平均每8000年灭绝一种，但是自工业社会以来，地球物种的灭绝速度已经超出自然灭绝绿的1000倍,请算出兽类每几年灭绝一种？面对数据你想说什么？

（2）生计算得出结果谈感受。

（3）学生自主浏览专题学习网站。

【设计意图】：师引导学生浏览专题网站，让学生在具体的计算中体会物种灭绝的速度是惊人的，从而体会物种的灭绝跟人类的活动关系密切。

（四）小组交流，探究物种灭绝的事实和原因

1. 学生自主浏览专题学习网站，了解藏羚羊生存环境。

2. 了解物种灭绝的资料。

（世界物种保护联盟公布的"2000濒临灭绝物种红色名单"称：地球上大约有11046种动植物面临永久性从地球上消失的危险，包括1/4的哺乳类、1/8的鸟类、1/4的爬行类、1/5的两栖类和近1/3的鱼类。而这种危机几乎全是由人类造成的。专家们的估算是：

目前物种灭绝的速度要比自然规律条件下高出 1000 倍到 10000 倍。最触目惊心的警告是：每一小时就有一个物种永远从地球上灭绝。是的！一个小时！）

（多媒体课件出示）

3. 生阅读资料讨论：如果真的有一天，地球上的其他动植物全部灭绝了，将会是一种什么样的情景？人类还能生存吗？（如果哪一天，自然界只剩下人类，那就是人类的末日。）

4. 指名交流（地球不仅属于人类还属于其他生物）。

过渡语：是哪些原因造成物种灭绝呢？请各小组交流"物种灭绝事实调查表"。

5. 小组交流"物种灭绝的事实"的材料。

（1）师分发物种灭绝汇总表，提出交流的要求：先交流"物种灭绝事实调查表"，再小组合作完成"物种灭绝的事实汇总表"。

（多媒体课件出示）

（2）引导各小组结合专题网站的资料汇报交流物种灭绝的事实。

物种灭绝情况调查表：

第　　　小组　　　组长　　　成员

物种生存状况	物种灭绝的事实（世界的、中国的、厦门的）	物种灭绝的原因
已经灭绝		
正在灭绝		
濒临灭绝		

6. 进一步讨论，探究物种灭绝的原因。

（1）师提出要求：请根据物种灭绝的事实，探究讨论物种灭绝的原因。（从生活环境被破坏、过度开发、盲目引种、环境污染等方面）

（2）生交流物种灭绝的原因。（引导学生从不同角度交流）

【设计意图】：让学生通过专题网站独立搜集物种灭绝的有关事实，通过交流、讨论知道物种灭绝的形势严峻；通过问题探究，学会分析、归纳，知道物种灭绝的原因。

过渡语：知道了物种灭绝的原因，你知道人类为了和其他生物和谐相处做了些什么？

（五）联系实际，激发和其他生物和谐相处的情感

1. 课件展示。

（1）出示多米诺骨牌：世界灭绝动物墓地的图片（作为青少年环境教育基地的北京麋鹿苑内，有一座"世界灭绝动物墓地"，在一个苍凉的十字架上，排列着近三百年来已经灭绝的各种鸟类和兽类的名单，两座具有象征性的坟冢、横斜的枯木、低飞的寒鸦把整个墓区笼罩在一派萧瑟、悲凉气氛中。参观者来此凭吊的，不是人类中逝去的成员，而是自然界中永远逝去了的动物物种。）

（2）思考讨论：当物种灭绝的多米诺骨牌纷纷倒下的时候，作为其中一张的人类，你就能幸免于难、在劫而逃吗？

（3）师小结：是啊北京麋鹿苑内的这一座"世界灭绝动物墓地"，为动物物种树碑立传，是人类生态伦理的启蒙，是人类尊重其它生命形式、承认动物生存价值和生命尊严的开始，那么在厦门，人们又是怎么做的呢？

（多媒体课件出示）

2. 联系厦门保护物种的现状。

（1）联系本地，补充"白鹭老人"的故事。

师：同学们一定知道，咱厦门自古以来就称为"鹭岛"，是白鹭重要的栖息和繁殖地。作为厦门的市鸟，我们也经常可以在筼筜湖畔和一些小岛上，看到它们的踪影。

（多媒体播放音乐）

（2）那你们可曾知道，就在我们厦门，就在我们身边，也发生过一个"老人与白鹭"的故事。

江老财是厦门海沧人。他担任大屿岛护林员时，岛上也有白鹭。他只身一人在大屿岛上与白鹭相依为命。在孤独的大屿岛，像护着自己的孩子一样护着岛上的林子和林子中的鹭群。面对这样清苦的环境他没有怨言。倒是为了岛上白鹭的生存环境而担忧。厦门的大屿岛紧靠陆地，白鹭繁殖季节，大屿岛附近有些年轻人上岛掏鸟蛋、捕杀白鹭。江老财对他们进行了劝阻，并为意外死亡的白鹭掘坑敷土，为受伤白鹭敷药包扎。虽然大字不识几个，但是年迈的老人亲自到厦门市环境保护局呼吁制止群众上大屿岛掏鸟蛋的行为。通过调查，市人大代表们提出了"建立大屿岛白鹭自然保护区"的议案。从此，人们亲切地称呼他为"白鹭老人"。 1997 年 11 月，江老财在他海沧的家里溘然长逝，而老人的儿子江清吉接过了老人手中的接力棒，继续上岛保护白鹭。

（多媒体课件出示）

（3）师：许多人用鲜血与生命保护着其他的生命，这是多么伟大的精神，他们才是地球的守护神。

【设计意图】：走进地球视野，了解地球生命的故事，让学生感受这种爱的博大精深。教师利用身边真实的故事，拉近与学生的距离，从而激发他们爱护地球、保卫家园的情感和愿望。学生通过听、说、看等形式体会感人故事中人物的美好行为和高尚品质，进一步自主思考，达到情感的升华。

（4）了解厦门白海豚保护区的故事。

师：我们生存在一个如此美丽、如此可爱，充满了生命力的世界里，而且这些生命离我们并不遥远。也许它就在我们温暖的家里、在整洁的街道上、在快乐的校园里……它们令我们的生活变得多姿多彩！现在就让我们分享一下你身边的生命带给你的快乐。

生：交流生活中其他生物带来的快乐。

师：是啊，正因为有了其他生物的陪伴，我们的生活才充满了色彩。那么，作为我们厦门本地的孩子，你们对"它"一定不陌生吧！

【演示课件：厦门海域内的中华白海豚。】

师：中华白海豚是世界上七十八种鲸类品种之一。各地学者都称它们为印度太平洋驼背豚，而中华白海豚只是中国居民给它们的本地称号。中华白海豚不是鱼类，而是和人类一样的哺乳类动物，是厦门唯一的一种国家一级保护动物，厦门人称其为"妈祖鱼"或"镇港鱼"。1997年8月，国家在中华白海豚的主要栖息地之一——厦门，建立了一个总面积为5500公顷的以保护中华白海豚为主的自然保护区。

【设计意图】：联系生活实际，让学生知道人类已经行动起来，保护物种从身边的小事做起。在教学中适时地引入厦门地区比较熟悉的中华白海豚，容易引发学生们的共鸣，渲染气氛、调动情绪，为接下来学习新知做好情感和认知的铺垫。

（六）总结评价，课后延伸

1．师总结：通过这节课的学习，我们知道了地球属于人类和地球上的其他生物，保护地球，人类有责。

（多媒体播放音乐）

2．课外作业：

（1）环保小论文。

（2）了解厦门最近一年来在环境保护方面取得的成就。

3．学生自主浏览专题学习网站。

【设计意图】：通过专题网站资料的了解完成环保作文，学会对自己的学习做出正确的评价。通过课后作业，督促学生养成良好的生活习惯。

六、板书设计

第三章 聚焦生态课堂，优化关键问题

生态课堂的内涵理解核心在于"生态"，利用中国语言的语词分析法，可以看到生态中的"生"是学生、生命、生机的意思，"态"是状态的意思。生态课堂也有两层含义，一是生态课堂是以生为本的课堂，是符合学生的身心发展特征和教育规律的课堂，是在教师引导下学生自主建构知识的课堂；二是生态课堂就是体现学生生命本真的课堂，是充满教师的人文关怀，闪烁着师生思想和智慧碰撞的火花，洋溢着生命气息。生态课堂由关注教育结果向关注教育过程转变，由关注教育客体向关注教育结果转变，由关注知识积累向关注学习能力转变，由关注目标的单一化向多元目标转化。

第一节 构建小学道德与法治生态课堂的实践研究

道德与法治课程的实施需要生活资源和生活实践的支持，品德生态课堂要关注学生，关注生活，关注生命，主张在最贴近人性的环境中，引导学生进行知识的自我建构和情感的自我认同，促进学生良好行为的养成。

一、道德与法治生态课堂内涵

生态是接近自然的一个状态，生态课堂也是营造一个符合人性，贴近生活的一个环境，通过文化的熏陶和开放化的交流，循序渐进地渗透正确的价值观和道德观。小学阶段是品德培养的关键阶段，在小学教学中通过开设道德与法治课程专门对学生实施教育。传统的教学认为品德课程的任务是向学生传递更多的道德理论知识，灌输的知识量越大，学生知道的就会更多，道德水平也就更高，但是在从教学成果来看，小学生能够说出中国的传统美德，而行为上却没有践行，甚至反其道而行。这样的课堂是教师一言堂的课堂，学生处于无声的被动状态，与人本性中所需要的交流和交往，是与人类思想的交流和共享相矛盾的，在这种状态下学生对理论产生一种排斥心理，将道德文化看成一种记忆知识而非信仰，学生可以熟练地背诵理论内容，却没有心理上的认同感。品德生态课堂正是要关注学生的心理需求，关注学生思想的动向，主张基于学生的经验设计教学内容，基于学生的情感展开互动交流，真正使内容呈现生态化的特征，真正与学生的生活相融合。

二、构建小学道德与法治生态课堂的必要性

（一）促进学生对道德理论知识的认同感

小学生的生活经验和知识基础相对贫乏，需要优秀道德理论和是非观念的引导，但是小学生是具有主观能动性的人，学生的学习是需要激发学习热情的一种主动探索，是需要倾注情感的一种理性批判，是要与已有的思想观念进行碰撞，产生同化和顺应的过程。怎样的内容，学生会倾注情感的进行思考，那就是要激发学生的认知冲突。认知冲突的激发一方面是学生认同其必要性，另一方面是与学生的思想产生不同的解读角度。在教学中能够实现这两方面内容的，一是生活化情境的创设。从学生熟悉的思想和内容出发向新

内容过渡，新旧知识的嫁接激发学生的积极性；二是学生的过程参与性。灌输式的教育，将学生看作接受知识的容器，只注重输入不注重吸收，学生就会"左耳朵进右耳朵出"，课堂上教师传递的内容完整地再还给教师，而不是真的容易，没有滴漏的缝隙。这就需要在教学过程中，增加学生的体验，让学生主动去参与和体会。

（二）建立平等的新型师生关系

师生关系是随着教育的产生而产生的，传统教学中师生关系的权威性，将教师放在了一个居高临下的位置，教师说的话都是"真理"，教师的行为都是正确的行为，这在多元文化主张个性和解放的今天，是行不通的，学生对老师的不认同，直接会对其传授的知识产生怀疑，当然也不会愿意吸收和内化。品德生态课堂是结合学生的身心发展特征，设计处于学生最近发展区的思考问题，以平等的身份引导学生展开交流和讨论，课堂是思想之间的交流和碰撞，学生可以自主地表达自己的观点，这就有助于平等师生关系的建立。

（三）增加学生的自主学习和主动实践

课堂上道德理论知识的学习内容是有限的，需要学生在课余时间展开继续学习，而生态课堂正是要激发学生的主动性和能动性，鼓励学生阅读更多的书，进行更多的交流，展开更深入的道德理论知识，使自己的思想变得更加多元；另一方面，学生的品德最终的衡量和评价目标是道德行为，而道德行为的提高与道德认识相关，更依靠于学生在生活中的主动实践。生态课堂是一个开放的课堂，是一个与生活密切联系的课堂，课堂道德主题交流后，要积极地与学生的行为相联系，鼓励将自己的道德认识外化为一种生活实践，为校园的美好，家乡的建设和祖国的繁荣贡献自己的力量。

三、构建小学道德与法治生态课堂的有效策略

（一）链接生活，设计教学内容

小学道德与法治是贴近学生生活的，教材中的案例都是来自于小学生的日常生活，但是具体到一个地区和一个班级的学生，又具有独特的地区差异和充满差异性的道德发展水平，教师应结合学生生活经验，设计教学内容。例如，在《祖国妈妈在我心中》的教学中，教师考虑到学习的重点不是让学生认识代表祖国的事物，而是激发学生的爱国热情。教师根据教材内容，运用图片、视频、人民币等具体的事物，引导学生认识国旗国徽，是必要的，但是对于低年级来说，国旗、国徽是一个标志，祖国妈妈在我心中，绝不仅仅是对一些标志的认识。这时，教师结合学校每年一次的募捐活动，引导学生思考在捐出那一次什么样的感受，为什么会用自己的零花钱捐款，引导学生认识到，祖国很大也很小，我们每一个人都是祖国的代表，在中国做的每一件好事，都是想让我们的祖国变得更好。

（二）挖掘资源，丰富教学内容

品德源于生活，归于生活。品德的感悟不是来自教材知识，而是来自生活，生活中的重要资源是品德教育的重要源泉。例如，在《我家的日常购物》的教学中，教师给学生布置了一个任务，本周小学生自己的花销不能向家长直接要，而要考自己的劳动获得，本周要详细记录自己的收入和支出，自己做了具体做了哪些"工作"，父母给了怎样的"工资"，自己如何支配这些"工资"。这样每一个学生在生活中获得了体验，同样学生的"小账本"也成为品德课堂的重要资源。这些资源是学生熟悉的，是学生带有自我情感的一种实践，学生在课堂中可以分享自己的想法，也可以对学生一周的

花费进行讨论，这对于建立学生初步的理财观念具有重要的作用。

（三）互动交流，增加学生体验

品德生态课堂是还原课堂一种自然的状态，还原学生的话语权和参与权。例如，在《怎样过暑假》的教学过程中，教师引导学生以小组为单位设计一个暑期生活计划，包括作业、旅游、看亲人等，要求学生以彩图的方式进行表达。教师给予学生 20 分钟的时间进行设计，在这个过程教师给予一定的辅导和启发。20 分钟后，教师引导每一个小组进行展示自己的计划，由其他小组的学生进行评价，促进组间之间的交流和讨论。在思想的交流和碰撞中，使自己的认识更加鲜明，使自己的道德观更加清晰和积极，不求统一的思想和行为，但要提倡一种积极向上的价值观。

（四）生活实践，扩展教学时空

生态课堂是与生活联系的课堂，生活的联系一方面包括生活资源的开放，引导学生发现生活中的德育案例，另一方面则是生活中的实践，引导学生用自己的道德理论改变自己的行为，改变自己的环境。例如，在《争创光荣班集体行动》的教学过程中，教师引导学生明白自己在班级中的责任，并确定自己的任务是什么。学生的任务非常多，有的学生是保证讲台整洁干净，有的学生是保证地上没有纸片，有的学生是帮助后进生获得成绩的提高等等。每个学生都有责任，每一个学生都是主人翁。

综上所述，品德生态课堂是最接近生命初始的状态，最接近生活的原有环境，是一个开放的、交流的、包容的、平等的环境，学生可以大胆地发表自己的观点，可以公开地表达自己的疑惑，可以理性地表达自己的批判，可以联系生活，自觉进行实践。

第二节 践行生活化教育，打造品德生态课堂

生态课堂倡导建立学生主体的课堂，鼓励学生自主建构知识，关注学生的个性化发展，构建充满生机和活力的课堂。生活化教育是生态课堂构建的重要动力，为生态课堂提供了丰富的教育资源和多样化的教学形式，将生活化教育与生态课堂相结合，有利于提高课堂效率。本文在研究生活化教育和生态课堂概念的基础上，探究践行生活化教育，打造品德生态课堂的有效策略。

一、概念界定

美国著名教育家杜威在其著作中首次提出"教育即生活"的教育思想，认为教育内容是与生活密切联系的，知识的学习不是对人类文明的一种机械地传递，而是学生在自己的生活和经验中通过不断地摸索形成的，教师在教学中应该设计与学生生活密切相关的教育情境，让学生在熟悉的生活情境中发现问题，解决问题。中国教育专家陶行知在此基础上提出"生活即教育"，认为生活中到处都是知识，学生可以在生活的体验中加深自己的认识，在生活的实践中运用已经学习的知识，这两种教育观点从两个纬度解释了生活化教学的内涵。一是课堂教学要结合学生的已有知识和生活经验，设计处于学生最近发展区的教学情境，引导学生的自主思考和自主探索；二是课堂教学要突破时空限制，由课堂学习延伸到学生的日常生活中，鼓励学生发现生活中的教育资源，并灵活应用已有知识解决生活中的问题。

二、构建生态课堂的必要性

（一）促进道德理论的深化和认同

学生的道德素质分为道德知识、道德情感、道德意志和道德行为，道德知识是学生道德品质形成的基础，学生只有具备正确的是非观念，才能表现出合乎社会行为规则和社会主义核心价值观的行为，但是道德知识和道德行为不是直接对应和立即生效的行为。道德知识是客观存在的，是独立与学生个体的，需要借助道德认同转化为学生的道德认识后才能促进其行为的养成和纠正，在这个过程中，学生的能动性是不可忽视的。生态课堂是以学生为本的课堂，注重学生的互动和交流，注重知识的自主建构，在这样的课堂中，师生围绕道德知识进行交流和讨论，参加课堂互动活动，在这个过程中，学生有充分的情感体验，形成个性化的道德认识。

（二）促进平等师生关系的建立

传统的教师中心课堂教学模式，教师代表着知识的权威，课堂教学中的互动表现为单一的问答形式，课堂是消除学生质疑的，教师是具有绝对的统治地位，学生是知识的容器，被动接受知识，而无法发表自己的观点，提出质疑，这种形式影响着道德知识的实践。生态课堂正是要打破这种严肃单调的课堂，建立平等的师生关系，构建师生、生生互动的多元模式，引导学生自由发表言论，对道德知识展开交流和辩论，不断产生新的学习主题，产生更多思想的碰撞。平等的师生关系下，课堂文化是平等的，学生的观点和认识只有不同，没有优劣，只有这样，才能借助多样化的学生活动促进学生主体主动参与课堂，增加情感体验，建造充满生机和活动的课堂。

（三）增加课堂教学中的主体参与

学生主体参与是新课程背景下的重要教学理念，对提高学生的学习能力和知识实践性具有重要的运用。生态课堂关注学生的个性化，关注学生在生活中的精神状态，这与学生主体的思想是相一致的。只有学生的情感积极参与课堂，学生的思维才能够被调动，才能围绕主题展开交流和讨论，这与课堂教学气氛密切相关，生态课堂是充满活力的课堂，对于学生主体的发展具有重要的运用，促进学生的个性化理解。生态课堂是关注学生的，而只有以学生为主展开的课堂教学，学生的情感和思想才能够表达出来，也才能够关注到学生的精神状态是否愉快，课堂活动的参与是否积极，并适时地作出调整，建立更适合学生发展的课堂。

三、践行生活教育，构建生态课堂

（一）结合生活经验，分析教材案例

小学道德与法治的教材内容是围绕与学生密切相关的案例展开的，但是教学内容绝不仅仅是理解案例所包含的道德理论，而是以课本案例为核心，联系学生的生活实际，促进学生的思考。例如，在《遵守交通规则，安安全全上学》的教学过程中，教师以城市的基本线路图和同学家的位置，设置交通迷宫，学生根据路标和交通规则找到自己的家，这就将学生的生活经验与教学内容紧密结合起来，学生在游戏中根据自己的经历进行认识，然后在每一个规则处，如果不遵守交通规则会受到惩罚，并耽误时间，最先回到家的学生获得胜利。将交通规则的讲解与游戏相结合，并结合生活经验分析，促进了学生的理解。

（二）挖掘教育资源，丰富课堂内容

生活是道德知识的源泉，也是道德实践的重要基地。生活中包含着丰富重要的教育资源，挖掘生活中的教育资源，可以丰富课堂内容。例如，《粮食来的真不容易》中，教材是以水稻的种植过程为案例，来传递粮食的来之不易，教师借助多媒体技术，通过图片和视频为学生提供感性材料，增加学生的认识，在这样的基础上，教师引导学生选择自己最喜欢的粮食和蔬菜，自主查资料，明确这些粮食的生长周期和种植过程。通过学生之间资料的相互展示，来丰富学生的认识，同时，结合学生喜欢的食物，会增加学生对道德知识的认同和体验。在学生对粮食来之不易认识的基础上，教师引导学生回忆自己在生活中的行为，引导学生进行交流和讨论，并制定自己的饮食规则。

（三）利用生活实践，扩展教学时空

生态课堂的构建倡导建立充满生机和活力的课堂，而生活实践是一个发挥学生主体性，增加学生生活兴趣的重要基地，也可以扩展课堂教学的时空。例如，在《我们播种春天》的教学过程中，教师引导学生参观各种食物栽培园，引导学生观看食物种植的过程，并通过参与植物 DIY，让学生明确植物种植的过程，在这个过程中通过学生的参与增加课堂教学乐趣和效率。在此基础上，教师引导学生自己在校园里种植小树，增加春天的活力，并让学生学会关心和照顾自己的小树，定期浇水，在实践中培养学生爱护树木，爱护家园的思想。通过联系生活实践，激发学生的兴趣，促进学生的主体思考和学习，并且在这个过程中伴随着学生愉快的情感体验，关注学生，体现个性化，这正是生态课堂构建的核心要求。

综上所述，生态课堂在建立平等的师生关系，发挥学生的主体性以及促进道德理论的深化和认同方面发挥着重要的运用。生态课堂是回归生命的本真，而生命是与生活经验和自然社会密切相关的，在教学过程中挖掘生活中的教育资源，运用生活案例，开展生活实践，对发挥学生的主体性，增加课堂教学活力，建立生态课堂具有重要的作用。

第三节　融合现实生活，深化情感体验

如何在道德与法治教学中融合现实生活，深化学生情感体验？本文主要就情境创设、交流对话、文化熏陶、资源整合等方面进行阐述，希望以此提高道德与法治课的吸引力、感染力和说服力，达到体验感悟、牵引内化，强化践行的教学实效。

在新课程指引下，教室的天地广阔了，儿童的生活经验"冲"进了课堂教学，学习不再只简单的知识传递，而是学生主动建构知识的过程。教师要想方设法创设丰富多彩的教学情境，巧妙地以学生的生活经验作为课堂资源，在知识与技能的传授中，引导学生走进多彩多姿生命世界，促进学生在行为体验的基础上内化和升华，将亲历中对事物、知识的感知或对情境、人物的情感内化为学生的自身行为或观念。

一、情境创设，体验情感

道德与法治课程重在学生主体的活动及体验学习，重在学生认识、情感、行为的统一协调发展。教师要在学生已有的生活经验的

基础上，根据学生存在的问题和需要，创设真实的生活情景，引导学生用多种感官去观察、体验、感悟社会。同时在与同伴、老师的交流、讨论和对话中，分享经验和感受，丰富和提升自己的生活经验，加深对社会的认识。教授《生活中不能没有他们》时，笔者把学生分为七小组：清洁组、教师组、食品组、交通组、海洋组、建筑组、商厦组，帮助学生联系采访单位、人物，地点，组织学生到相关单位采访调查不同劳动者的工作情况，并作拍摄、照相、记录。学生通过实地采访、调查等活动，真正走进这些劳动者当中，体验他们的生活，感受他们为社会作出的贡献，进而产生敬佩之情。这是情感的共鸣，这种健康的情感又促进了学生的成长，使他们真正认识到：生活中不能没有他们，劳动者最光荣，他们应该受到全社会的尊重。他们的情感体验得到了内化，教学的实效性得到了体现。

二、交流对话，强化践行

新课程是一个动态化的过程，教材承载着的知识，需要教师和学生之间进行交流、体验来获得。教学活动的基本形态是交往与探究，交往时活动的最基本形式是对话。学生必须参加到学习的对话中去，否则课程内容无法理解，这充分体现了活动民主、自由的课程理念。教师在细节之处要强化对学生的关注，以自己的真实情感染学生，通过交流对话带动学生思维，引导学生构建新认识的过程。如今的家长非常关心孩子的学习环境，非常想了解他们在学校的表现；然而，孩子们在享受家长给予他们无私爱的同时，更多的却是认为这是家长应该做的。如何利用学校教育，比较妥当地扭转孩子们这种不正确的观念，无形中让孩子油然增添对家长的爱，体会家长为自己付出的那份艰辛，这又是道德与法治课程赋予教学生活化的教学追求。教授《我爱爸爸妈妈》一课时，笔者邀请家长一同进课堂，设计了"让孩子们展示自己秘密行动的结果——父母的一天（投影调查表）""母子一起动手制作小礼物，我想对爸爸妈妈说"等环节，让生活走进课堂。这堂课，让家长有了一次欣赏孩子上课的机会，搭建了一个家长与孩子互动沟通的"彩虹桥"。同时，老师又把课程设计成一个个轻松、愉快的活动场景，让一年级的孩子们快乐学习。整堂课就像一场游戏，让孩子一点都不觉得拘束。孩子们把源于他们自己的现实生活和发生在他们身边的真实生活通过动手实践、交流对话，获取了新的经验与体验，这就是新课程下教育的魅力所在。德育认知、德育情感与德育行为完全统一起来。这对促进孩子建构良好的心理素质，对孩子的人格发育，是很重要又很有益的。

三、文化熏陶，升华情感

保护、传承、发展优秀的中华文化，对弘扬中华文明，增强民族自信心、增进民族团结和维护国家统一都有着重要而积极的促进作用。道德与法治教学必须立足生活，采用学生乐于和适于接受的生动活泼的方式，开展主题研究性学习，组织学生开展丰富多彩的文化活动，领略传统文化艺术的风采和价值。郑成功这个名字已经成为厦门文化的重要组成部分，它串起了厦门、台湾太多的故事，太多的情缘。学生的生活世界中有许多的郑成功元素：水操台、演武池、嘉兴寨、太平岩郑成功读书处、国姓井、延平郡王祠、演武亭、郑成功文化节……笔者在教授《走近郑成功》时，让学生搜集材料，由《演武池遗址》视频引出"收复台湾"这一历史事件，结合进攻路线图，师生交流了战争的大致过程。教师利用历史资料，充分挖掘本土文化，发展学生的道德能力。

四、整合资源，融入生活

课程不等于教材，不等于教学内容，教师要创造性地使用教材，要融入自己的科学精神和智慧，激活教材中的知识点，对教材知识进行教学重组和整合，设计出活生生的、丰富多彩的课来，形成学生生活化的个性教材知识。只有这样的德育效果才会是学生自己长出来的，构建出来的，也是最有效的。随着社会的发展，科技的进步，地球上的资源日益减少，尤其是水资源的严重缺乏，引起人们的关注。因此，增强人们的环保意识是当务之急。作为祖国的下一代，他们今后的担子更重了，更需要认识这一问题。教学《家乡水的故事》时，我让学生作了大量调查，收集有关家乡人生产、生活用水是从哪里来的，哪些地方的水被污染了的文字资料及图片、照片，了解了九龙江、钟宅水库、汀溪水库的用途。经历了这一过程，学生就有了亲身体验。交流活动中，大家一边展示，一边议论，珍爱厦门水资源的情感被激发了，这时，再提出"如何节约用水"可谓水到渠成，同学们想出许多办法。可喜的是有的同学还就如何整治筼筜湖、净化筼筜湖进行了较为全面的调查。《家乡水的故事》这一活动的设计，让学生认识了水的发展、水的来源以及它与工农业生产、人们的生活的重大关系，学生在链接资源中增长知识，认知到水的重要性和保护水资源的刻不容缓。

教学案例 1：

正确对待不同看法

一、资源分析

　　《正确对待不同看法》是统编道德与法治教材五年级上册第 2 课"学会沟通交流"的第一课。教材从学生日常的生活事例篮球赛后的评论入手，引导学生思考"同一事件，为什么人们的看法会不一致"？理解"看法的差异性"，为接下来"坚持自己的观点"埋下一个"两难"的伏笔：

　　"如果坚持自己的观点会引发矛盾或冲突，你还坚持吗？"引导学生在"认同与接纳"和"坚持自己的观点"之间进行批判性的思考，从而做出理智而正确的选择，并从情感上认同"认同与接纳"。因此，本课时的难点并不在于学生是否能够提出"认同与接纳"的方法，而在于学生是否认同"认同与接纳"的态度。教材在这一点上并没有给出足以让学生信服的素材，就需要老师补充和拓展。

二、学情分析

　　五年级的学生对"坚持自己的观点"带来的困扰以及对人际关系产生的矛盾和冲突都不乏真切的感知。但学生对"认同与接纳"的经历却相对匮乏，这是学生认知上的一个难点。只有突破这个难点，学生才能较好地产生多角度看待问题，理性对待分歧的态度，并稳定地转化为他们的长期行为。同时，学生理解"认同与接纳"构建良好的人际关系，通过案例提升他们的认知，明白如何维护和睦的人际关系。

三、教学目标

1. 了解人有不同看法是正常的。

2. 学会理解他人、多角度看待问题。

3. 当与他人有不同看法时，学会理性对待分歧。

四、教学重难点

"坚持自己的观点"容易带来矛盾和冲突，"认同与接纳"又可能有违自己的内心，这是一个生活中的道德两难问题。解决这个两难问题，前提是学生对个体看法的差异性在认知上了解，对"认同与接纳"在情感上认同，这是这节课的重点。因此，课堂教学要在这一环节多着笔墨。难点在于当"认同与接纳"又可能有违自己的内心，学生能否自觉选择正确的行为方式，这就需要引导学生通过批判性的思考做出正确的价值判断和选择。

五、教学过程

（一）新闻导入，引发思考

播放新闻视频：外卖员与点餐人因送餐时间延误产生评价冲突。

师：你倾向谁的观点或者你有什么看法，为什么？

播放新闻后续：外卖员遂当街杀害点餐人

师：这起案件造成了什么恶果？

师：造成恶果的原因是什么？

师总结：同一事情不仅是当事人，我们在座的同学也会存在诸多不同的看法，但如果我们用不同的方式去看待，结果也会大不相同，悲剧就能够避免，今天我们一起来学习《正确对待不同看法》。

【设计意图】：以评价外卖员和点餐人的事件入手，初步认识人的看法存在差异性。外卖员采用剥夺他人鲜活生命的方式结束矛盾和冲突的悲惨，激发学生思考人际关系中，如何进行"坚持自己的观点"和"认同与接纳"的差异化选择。

（二）环节一：情境再现，学会换位

1. 师过渡：为什么同样的事情，不同的人会有不同的观点呢？让我们通过视频寻找答案。

观看视频《画杨桃》的故事。

师：同样的杨桃，为什么同班同学画出来的却不同？

师总结：是的，因为作画的位置不同，看的角度不同，画出来的结果也就不同。学会从不同的角度看问题，是一种能力，你会多角度看问题吗？

2. 课前完成表一、表二，课上交流分享观点。

表一：班级家委组织全班同学春游，预收取每人100元的春游经费。

家庭经济情况	是否出资	可能的原因
富裕	是	
富裕	否	
贫困	是	
贫困	否	
（　　　）	是	
（　　　）	否	

表二：拟全市中小学生每天上午提前半个小时上课。

角色	是否赞成	可能的原因
家长		
我		
交通警察		
公交乘客		
（　　　）		

师总结：因为每个人成长环境不同，使人们在行为习惯、生活方式、看待问题的立场等方面存在一定的差异，对某些问题就会有不同的看法。老师课前收集了一些匿名信件、里面记载了咱们班级一些矛盾的小事件，你能分析下原因吗？

【设计意图】：如何看待"坚持自己的观点"和"认同与接纳"的选择差异？重在引导学生认识"看法的差异性"是合理存在的，进而形成理性对待两难分歧的态度。

本环节首先以《画杨桃》故事使学生直观认知个体存在看法的差异性。接着以"春游收费""提前上学"的情景创设，鼓励学生积极通过参访记录、调动生活经验合理猜想等方式真实走进生活中的不同角色，充分认识个体看法差异性的合理存在。

（三）环节二：角色扮演，理性处事

1. 学生继演书本第 11 页的情境，分饰"冲突""和解"两种情况，其余学生分别观察不同角色变化并记录。

情境一：

梁毅的态度		梁毅的心情	
吴云飞的态度		吴云飞的心情	
下棋的目的		下棋的结果	

情境二：

梁毅的态度		梁毅的心情	
吴云飞的态度		吴云飞的心情	
下棋的目的		下棋的结果	

师：不同的态度会对心情产生什么影响？不同的态度对事情的结果产生什么影响？

师总结：多角度看问题是一种能力，能够适度地"认同与接纳"不同的观点更是一种本领，它不仅是一个人道德情操的表现，更是一个人关爱自己、积极乐观的体现。

师：你身边有这样的人吗？和大家分享一下他乐于"认同与接纳"的例子吧。

【设计意图】：如何摆脱两难问题的选择困难，在两难问题间做出正确的价值判断和选择呢？鼓励学生多角度看待问题，通过批判性的思考，做出较好的选择。

那么在"坚持自己的观点"和"认同与接纳"之间怎样进行批判性的思考？本环节选择以下三个判断角度进行设计。①"冲突""和解"的角色扮演活动中以结果的价值选择驱动启发学生合理选择。②在观察角色变化的过程中，从有利自身身心发展的思考中做出选择。③在分享他人乐于"认同与接纳"的案例中，从良好人际关系的建立中做出判断。

（四）环节三：案例补充，夯实认知

师：无法接纳他人不同意见，不仅伤害他人，也是自我鲜活生命的一种毁灭。

视频数据呈现：矛盾纠纷引发刑事案件。

图片数据呈现：不良人际关系引导抑郁症。

学生谈感受，教师总结。

【设计意图】：通过真实案例的补充，提升学生的认知，即为什么需要和睦的人际关系。不良人际关系的建立引发的后果，警示理性对待分歧，多角度分析做正确的价值判断和选择。

六、板书设计

正确对待不同看法

换位思考
认同接纳

教学案例2:

平安出行

一、资源分析

　　《平安出行》是部编人教版道德与法治三年级第三单元安全护我成长》的第一课。重点帮助学生梳理生命安全观，从正面引导学生发现生活中的安全隐患，把违反交通规则的现象与相应的交通规则联系起来，强调遵守交通法规的重要性。课本"知识窗"通过权威数字说明交通事故多发，严重威胁了青少年的生命安全。教材第55页呈现两幅与学生生活比较贴近的违反交通规则的例子；小故事呈现了学生劝爸爸不要酒驾的事例；知识窗呈现了《中华人民共和国道路交通安全法》中关于酒驾的法律条文。

二、学情分析

　　三年级的学生虽然自主活动能力增强了，但是安全意识却比较淡薄。学生个体的出行方式主要是步行，他们的主要行为特征是比较爱玩，注意力时间比较短，容易分心，缺少预估和预判；其次学生处于成长期，自觉性不够强，自觉遵守交通规则的意识很强，容易在路上追逐、玩耍，导致交通事故。结合学生实际情况有针对性地进行有效的交通安全教育，倡导学生增强自我保护意识，宣传交通安全，知道常用的简单的交通规则，并有把简单的交通规则坚持的意识，提升交通安全素质。

三、教学目标

1. 知道自觉遵守交通规则的重要性，有效预防事故的发生，增强自护能力与自护意识。

2. 在日常生活中养成自觉使用安全设施的行为并能遵守交通规则。

3. 初步了解相关交通法规的条文，并在这些情境中培养学生的法治意识。

四、教学重难点

重点：知道自觉遵守交通规则的重要性，有效预防事故的发生，增强自护能力与自护意识。

难点：能够在具体生活情境中初步了解相关交通法规的条文，并在这些情境中培养学生的法治意识。

【课前调查表】

平安出行小调查

（1）你上下学常用的交通方式是（   ）

A. 独自步行或家人陪同步行   B. 乘坐公交车   C. 家长开车或骑自行车、电动车接送

（2）上学时从你家到学校要经过（   ）个路口

A 1-2个   B 3-4个   C 5-6个   D 7个以上

（3）在生活中你遇到或见过哪些不遵守交通安全的行为？

_____

五、教学过程

（一）感受平安出行的重要性

1.（出示翔安宣传视频）

师：从短片中，你看到了什么？

师：这就是充满魅力的翔安，现代与传统并存，我们每天都在这开心的生活、工作、上学。

2. 师：可是你知道吗？每年发生在我们身边的车祸可不少，摧毁了一个个原本幸福的家庭，其中最重要的一个杀手就是交通事故。我们来看一组数据。

1. 师：同学们，你看完这组数据，你有什么想说的吗？

预设：

师：每一起的交通事故都是意味着家庭的不完整，意味着家人的伤悲，为了我们都能开开心心的出门，能平平安安地回家，今天这节课，我们就一起来学习平安出行。

【设计意图】：通过翔安宣传视频，感受平安工作、生活和上学的重要性。

（二）争当平安出行小卫士

1. 课前我们针对我们班做了一个交通安全的小调查，我们一起来看看我们班主要的交通方式。

从这些数据中你读懂了什么？

师：通过调查发现我们班就近入学的比较多，出行方式以步行和家长开车或者电动车接送为主。

2. 师：那我们在出行过程中，会碰到哪些安全小问题呢，

小组分任务探究

（任务一）在无灯有线的路口

师：这张图你们认识？（出示校门口照片），哪个小组拿到这个任务卡？

师：这个路口有什么特点？

预设1：它是没有红绿灯，有斑马线的。

预设2：路口车辆比较少。

师：经过这样的路口你们组讨论出什么样的出行指南呢？

预设1：要听从保安叔叔的指示。

预设2：应该左看看右看看，没有车再快速通过。

师：是呀，我们在过这样的斑马线要注意观察，要做到一停二看三通过。

（任务二）有灯有线的路口

（1）师：哪个小组拿到的是这样的路口？这样的路口有什么特点？

预设：

师：经过这样的路口，你们组给出的提醒又是什么呢？

预设1：要红灯停，绿灯行。

预设2：不能闯红灯。

预设3：不能站到斑马线等，因为汽车右转的时候会有盲区的。

（2）师：是呀，无论是司机还是我们行人都有盲区，如果不注意，还是会发生危险，你看（出示汽车轮差盲区视频）。

师：所以再这样的路口，我们应该在那个地方等候？

预设：在行人等候区等候。

师：是的，所以我们应该严格遵守交通秩序，学会保护自己是非常重要的。

（任务三）乘坐小轿车

师：我们班还有很多同学是爸爸开小车接送的，这类的出行，有哪些需要注意的呢？哪个小组来补充？

预设 1：不能把手伸出车窗外。

预设 2：不能往车窗外扔东西。

（任务四）乘坐电动车

预设 1：不能超载

预设 2：要带安全头盔。

师小结：同学们知道的交通安全知识可真多啊，平安出行需要遵守秩序，为你们点赞。

【设计意图】：引导学生联系生活，情感体验，知行合一，争当平安出行小卫士。

（三）交通安全放大镜

1. 师：在我们生活中有哪些保障我们行人安全的设施呢？

预设：人行天桥、地下通道

师：你是在哪些地方看到了这些设施呢？

预设：小区、学校

师：为了让大家能够平安出行，我们的小区、学校、社会都做了各种努力和支持，所以我们就应该讲秩序、合理的去使用这些设施。

（板书：用设施）

2. 师：有了交通安全设施，是不是就能保证交通安全呢？

预设：

（视频：初中生翻越栏杆视频）

师：你看到了什么？

预设：翻越栏杆被车撞了。

师：你看到了吗，在不远处就是斑马线，难道他们不知道要走斑马线吗？

3. 师：为什么明明知道交通安全知识，也有交通安全设施，却不去用？

预设：因为他心中没有规则。

师：是啊，自觉做到遵守交通规则多么重要。你看违反交通法规，穿越马路，严重者就会丧失自己的生命，爸爸妈妈失去最心爱的宝贝，这将成为一家人一辈子的痛苦。

4. 师：在你们生活中有遇到过不遵守交通规则的行为吗？

预设：

5. 师：视频中的这个同学没有遵守交通规则，以至于给自己带来不幸的事故，但是在我们的生活中，自己不遵守可能还会给别人和社会带来伤害。

6. 出示重庆万州视频。

师：你看到了什么？在这个视频中是谁没有遵守规则。（司机、乘客和其他乘客，他们的做法对吗？）

预设：

交通规则需要每个人都去遵守，如果违反交通规则，不仅自己的安全遭到破坏，还会影响他人，造成社会重大恶性事故，甚至可能触犯法律。

【设计意图】：让学生明白：交通规则需要每个人都去遵守，如果破坏交通规则不仅自己的安全遭到破坏，还会影响他人，造成社会重大恶性事故，甚至可能触犯法律。

（四）遵守规则，人人有责

1. 出示法规。

2. 好，上完这节课，大家已经是合格的安全小卫士，希望大家在今后的生活中，都能树立安全意识，平安出行？

3. 齐唱儿歌。

【设计意图】：规则就在我们身边，要严格遵守。

六、教学设计

平安出行

讲秩序

用设施

守规则

第四章 践行生态理念，构建实施路径

生态文明以自然和谐理念为指导，倡导人与自然的和谐相处，这是人类社会文明的重要组成部分，也是人类文明前进的方向。小学道德与法治教学课程大纲中有向生态方面的教学内容，生态教育成为了该课程的主要教学目标之一。其集中表现为培养学生热爱自然、形成情感、保护自然生态环境的意识。因此，鉴于生态教育对于社会文明进步的重要性和在小学道德与法治课程教学中占有的重要地位，笔者对道德与法治教材进行了详细分析和研究，同时结合多年品德课程教育实践，提出一个生态教育的基本框架，并探讨了生态教学的具体实施策略。

第一节 小学道德与法治课程中实施生态教育的思考

一、生态教育的基本教学框架

随着新课程改革的不断深化，道德与法治课程内容外延范围得到不断的扩展，初步培养学生的环保意识成为该课程重要教学目标之一，具体要求为：系统学习人与自然环境之间相互依存的关系，深刻理解其相互联系、相互依存、相互渗透这三种和谐关系的重要性；对人类面对重大自然问题形成初步认识，比如大气污染、水污染等环境问题，以及水土流失、生物多样性锐减等生态问题；针对日益严重的生态环境问题，小学生如何做些力所能及的事，改善自然生态环境。为了实现这些具体的教学目标，生态教育应该贯穿道德与法治课程教学的始终，例如《说说我们生活的社区》《画画我们成长的地方》《走进美丽的家乡》《土地养育我们》《可爱的祖国》《地球真美丽》都是与生态教育为主体的教学单元，这些课程资源由近及远、有小到大、由表及里，引导学生认识周围环境、社区环境再到祖国大好河山，促使学生逐步认识自然。

由此可见，生态环保教育在小学道德与法治教学中占有十分重要地位，而多元化的生态教学资源为学生学习生态环境知识提供了丰富的素材、搭建了广阔的平台。基于以上的教材内容分析，提出生态教学基本教学框架：第一步，引导学生亲近自然、感受自然，形成对自然环境的初步认知，让学生有机会亲身接触大自然，领略大自然的奥妙，从而培养学生对于大自然的热爱之情；第二步，大力开展围绕大自然的活动，引导学生增强感性认识、感悟自然和培育环保意识；第三步，提供实践机会，为学生实践生态观念、环保意识搭建平台。

二、生态教学的具体实施路径

（一）亲近、感受、认识自然——培养学生对自然的热爱之情

全面开展生态教育，培养学生生态观的第一步，就是要让孩子们愿意亲近自然。课堂教育，尤其是道德与法治课程教学，不仅不要限制学生的活动和思维空间，还要为学生在更广阔的空间学习和活动创造机会。学生愿意亲近自然之后，再引导学生抓住机会去感受自然、认识自然、观察自然，从而体味大自然的奥妙，领略并欣赏原生态的美感，并在这个过程中构建对自然环境的认知体系，形

成对大自然的初步认识。此外，大自然中的虫鱼鸟兽、日月星辰对于学生有着巨大的吸引力，可以陶冶学生的情操，培养学生对自然的热爱之情，为日后将这种热爱之情升华为对大自然的尊重和保护打下坚实的基础。

例如，在进行《画画我们成长的地方》的教学时，就可以进行一系列的教学设计，引导学生走出课堂、走进自然，为学生亲近、感受、观察、认识自然创造契机和条件。对此老师应该结合这个单元教材编排特点，组织孩子们在实际环境中去认识我们周遭环境，从而加深学生对养育了自己的家乡的环境进行了解。围绕这个单元的三部分学习内容《移动的画板》《合作的乐趣》和《地图就是一幅画》，组织学生走访校园、家园周边，去观察周边事物的位置特征，利用相机记录下来，再用手中的画笔把自己的所见所闻记录下来。还可以组织学生到周围的农村去走走，去看看农村的田园景象。再引导学生对比对大自然改造较多的城市景象和保留了大自然原生态的农村景象，让学生在对比中获得对人与自然、环境的初步认识，从而使学生与大自然进行亲密接触，培养对大自然的热爱之情。只有对大自然有了亲近之感，才能激发了解自然的欲望、产生喜爱之情。只有满怀对大自然的喜爱和崇敬之情，才能尊重自然、保护自然。

（二）活动体验——增强感性认识、感悟自然、培育环保意识

情感只是一种心理力量，若不将其道德化，转化为道德观念，是无法发挥它的强大力量的。对大自然的喜爱就是一种情感，只有将这种情感转化道德诉求、建立道德观念，才能让学生真正树立正确的自然观、生态观，深刻认识到自然的客观规律，从而增强感性认识、感悟自然，同时形成强烈的环境和生态保护意识。对此，道

德与法治的生态教学不能仅仅依赖于课堂知识的传递，而更应该组织丰富多彩的课堂活动和课外活动，注重生态教学的体验过程，对教材内容做一些适当的延伸，促使学生在活动体验过程中增强对生态的认知。

例如，在进行《土地养育我们》的教学时，就可以以"土地"这个主题为中心组织一系列的主题活动。教师首先让学生进行课前预习活动，以个体为单位，去进行有关于"我们的食物来源于何处"的相关资料收集，可以通过网络等新媒介，也可以采用访问父母等方式，通过这样的资料收集活动促使学生对农作物形成一个初步的概念、产生一个初步的理解。然后进行课堂体验活动，以小组为单位去探知农业的奥秘、农业的发展过程，进行小组讨论和交流，再在其他同学和老师面前进行成果展示，回答老师和同学的发问，然后再由老师进行展示的反馈和总结，帮助学生形成对于农业的系统性的认识，同时构建完整的知识体系。最后是课后活动，以班级为单位，挑选一个合适的时间去走访附近的农庄，让学生去观察农作物的种植过程、亲自去尝试种植农作物，从而加深、巩固和修正学生对农业种植的认识。

（三）实践体验——实践生态观念、环保意识

生态文明以自然和谐理念为指导，倡导人与自然的和谐相处，这是人类社会文明的重要组成部分，也是人类文明前进的方向。而建设生态文明社会，要从培养小学生的生态观念抓起，如何培养学生生态思想和观念也是现代教育德育和社会教育的重要内容。而道德与法治课程教学的最大特点便是课堂教学与生活实践、社会实践相结合，因此教师在进行这门课程的生态教学时要紧密结合生活和

社会实践，最大化道德与法治课堂优势。同时，实践体验是小学生态教育的最后一步，也是最为关键的一步。学生在认识自然、了解自然、构建生态环保意识的基础之上，实践生态观念、环保意识，即从认识论的角度将理性认识用于指导实践，以实践体验帮助学生建立思想观念和行为习惯的桥梁。

例如，在进行《做一名地球卫士》的教学时，应该侧重学生的实践活动体验。而这个主题的教学首先要学生明确自然界存在其固有的食物链，不容破坏，一旦破坏可能导致灾难性后果。又或者认识现阶段全球水源的匮乏问题，从而形成珍惜水源从我做起的环保意识。对此，教师可以组织学生去进行实地调研，去了解当地的河流、水源，了解和分析的内容包括：水资源的分布状况、总量等基本信息，水源使用所存在的问题，是浪费还是污染呢？作为一名学生能为此做些什么？通过这样的实践体验为学生实践生态观念和环保意识搭建平台，对于夯实和完善学生生态观念、环保意识体系，实现学生由观念向行动的转变。

小学高年级道德与法治教材涵盖了丰富的生态教学素材，教师应充分挖掘并有效地联系起来实施小学生态教育，让学生在认识自然的过程中形成科学的生态观、自然观，树立正确的生态和环境保护意识，同时发挥课堂教学与生活、社会实践相结合的巨大优势，有效实现生态教学目标。

第二节 小学道德与法治课渗透生态道德教育的实施研究

当下的社会的发展，已经进入到生态文明的时代当中，因此就需要在小学阶段的教学中，让思政课程受到生态道德教育的影响与指引，培养小学生的生态道德意识，提升学生综合素养。本文主要基于这样的观念，对思政课程的生态道德教育方法的构建进行研究，同时对其具体的实施路径进行系统的分析，以此为相关的教育人士提供一定的教育参考。

在人类长期的发展中，伴随着工业方面的变革，物质成就越来越多。但是另一方面，也使得地球上的可用资源越来越少。在上述环境下，人类的发展面临着生态危机、人口膨胀等诸多问题。在危机发展中，人们需要从科学、制度等方面出发，进行思想观念的升级和变革。在小学时期，由于学生正处于人生接受教育的初期阶段，因此就可以通过积极培养学生的价值观、自然观以及道德观，起到良好的生态道德教育效果。

一、生态道德教育构建基础

（一）生态道德教育的内涵

在当下所开展的生态道德教育工作，是一种教师在对学生开展教学中基于人与自然关系的角度出发所开展的工作，目的在于让学生明确自然与人类和谐相处的生态道德观念。这样就可以让学生在成长的过程中，自觉地养成保护环境、保护生态的良好习惯，了解到只有与自然环境保持良好的关系，人类才可以可持续地发展下去。

传统的教育仅仅是重视人际德育方面的教育，而当下的生态道德教育工作，是一种从人类道德关怀的角度出发，对于物种生命、自然环境等方面进行研究的工作，强调人类与自然环境的和谐相处。

当前，随着"绿水青山就是金山银山"理念的提出，人们越来越重视环保。而开展的环境教育，也需要渗透到小学的思政教育当中，作为德育教育的重要内容而存在。在小学生学习的过程中，思政教育能够起到重要的引导作用，一定程度上指引着生态文明的观念。

（二）生态道德教育的必要性

1. 提升小学生生态道德素质的重要途径

在当下小学生的成长中，思政教育可以直接影响到学生在接下来的初中、高中乃至大学阶段的行为以及思想。小学生是未来国家的管理者、建设者，在小学阶段的教育，是学生整个学习生涯的初级阶段，只有打好这个阶段的基础，才可以让学生养成一个良好的生态道德意识，以及优秀的行为习惯。这样也可以对其日后的社会服务过程中，产生较为直接的影响。但是，在实际的思政教育中，其教学效果并不理想，一些环保活动参与程度较低，有很多学校和教师都没有重视起生态环保观点的重要价值，从而导致学生对一些生态知识的掌握程度不足。

对于这种生态意识低下、生态重视掌握不足的情况，通常是由社会环境、家庭教育以及学校教育多方面造成的，特别是在学校的教学中，对于生态道德观念的重视程度不足，导致在思政教学中，没有顺应当下社会的发展变革，无法提升学生的生态观念。学生的生态环境保护意识的提升，教师的教育是最为直接和有效的教学方式。而对于当下学生对于生态知识方面的掌握程度上进行分析后发现，学生很多时候都是通过互联网、媒体所了解到的，因此学校在这方面的教育程度严重不足。在当下的小学思政教育体系当中，始终没有将生态环境教育课程，纳入学生的思政教育体系当中，并且在课本的编制当中，涉及的内容也不充足。对于课本编制的不合理，就会严重影响到教师的授课，让当下的思政教育工作，无法发挥出生态道德教育的作用性和优势性。

2. 思政教育是生态道德教育的基础

在我国的未来发展中，已经将生态文明纳入社会未来发展的重要结构当中，将生态文明的建设，确定为关乎着人们幸福、国家未来发展的重要内容，因此在未来的发展中，势必需要大力地推动生态文明的建设力度。在这样的政策背景下，更加需要不断地提升人民群众的生态意识，进一步提升人们节约资源的意识，进而可以引导人民群众形成一个科学的消费观，让生态文明的建设有着较为有力的环境道德观。而对于小学生的培养而言，是一种符合学生价值观念，培养学生责任感的重要教学方式，因此就需要在小学阶段的思政课程教学当中，不断地提升生态道德教育的渗透力度。

3. 道德与法治课程中的生态道德教育推动课程的发展

在当下将生态道德教育观念，不断提升在小学思政课程当中的渗透力度，就可以很好地提升道德教育的效果，以此可以很好地对小学阶段的思政教育，起到良好的教育效果。在开展的生态道德教育过程中，相比较传统的道德教育而言，仅仅是对于人际关系方面的教育和引导。而在生态道德教育内容上，将人际关系进行了扩展，以此充分地提升了教育的维度，让学生在学习的过程中，可以充分地了解到自然与人类的关系。特别是在小学阶段，学生的三观开始慢慢形成，因此在未来的建立过程中，可以有效地影响教学的行为，可以充分的保障在教学工作的开展中，让学生成为主体存在，充分地让学生通过各种教学实践活动，深刻理解到生态道德观点的实际内涵。

二、小学道德与法治课的生态道德渗透式教育实施路径

在当下的教学发展背景下，为了顺应整个社会的生态文明建设。需要在实际的小学生的思想政教育工作当中，能够有效地结合起生态道德教育。特别是在小学阶段的教学开展中，更加需要教师能够有效地重视起渗透式的教育方式，以此充分地让思想政治教育的开展，可以顺应生态道德方面的特征性，对于当下的教材、课程内容进行充分的改革。这样就能够在教学工作中，提升生态课程的比重。而在教育方式方面，还需要摒弃传统的说教式的教育方式，能够从生态道德教育的特征性角度出发，利用实践的教学方式，提升教学的效果。

（一）整合课程资源

在当下开展的小学思政教学工作当中，会涉及大量的生态教学资源，为此就需要让教师可以对现有的教学资源，进行梳理以及整合。在教师的教学开展中，要能够让思想道德修养，与法律基础内容，进行有机地整合，对学生开展信念教育、爱国主义教育。人生观教育以及道德与法治方面的教育工作。在实际的教学中，主要还是让教师能够将生态道德观念，可以有效地渗透到爱国主义的教育过程中。让学生在接受到爱国主义的教育后，便通过对人口、资源以及土地等内容的掌握，充分地培养学生爱护自然资源的意识，以

此可以很好地避免在日后的成长过程中，受到一些不良因素的影响，使得对学生的行为习惯造成一定的影响。小学生的思政教育，需要始终建立在我国特色社会主义理论体系当中，以此引导学生共建资源节约型的社会。

在小学阶段的思政教育理论体系当中，虽然其中生态课程资源较为的分散，但是在教师进行充分的挖掘以及整理之后，就可以很好地让小学生感受到生态道德知识内容。这样的教学目标，直接受到教师方面的教学能力的影响。教师在日常的备课阶段，需要将小学的生态道德素质，设定为教学目标，以此充分的挖掘教材资源，这样就可以很好的在教学过程中，实现渗透式的教育模式。

（二）教材改革

为了实现这样的教学方式，就需要重视起教材方面的改革，同时对构建出的课程体系，进行全面的变革，不断地提升生态教育在思政教育当中的比例。小学思政教学中，可以通过教材渗透生态道德内容。当下的教材内容上，其涉及的生态道德重视显然不足，以此就需要对现有的教材，进行全面的变革和调整。即使在涉及到的内容上，仅仅进行了一些简单的表述，以此就会导致教师在实际的教学中，也对于这些内容不够重视。教师在编写教学大纲，或者在制定教学计划的时候，也仅仅对其进行简单的教学，无法很好地进行教学内容的扩展。为此，在进行教学方面变革中，需要提升生态环保方面的教育程度。

当下的思想道德修养，要起到让小学生可以形成一个健全的三观，以及形成良好的消费观、法治观念等作用。对于传统的思政教育中，由于仅仅重视生态道德方面的教育，就会导致在生态道德的教育过程中，始终缺乏基础条件，让学生对于生态环保方面的学习缺乏落脚点，始终无法与生活实际结合起来。为此，就需要通过对现有课本内容的调整，让生态道德意识可以辐射到每一个教学内容当中，让学生从基础的观念上，就对生态道德有着较为深刻的理解程度。

（三）方法变革

在小学阶段的教学工作开展中，需要对传统的教学方式进行变革，以此可以有效地基于学生为主要的教学主体，并利用教学实践的方式，进一步的提升德育教育的效果。生态道德教育，既是素质教育，也是行为习惯的养成教育。这就需要在生态道德教育的开展中，摒弃传统的德育说教的教育方式，结合起学生的实际情况，让学生在接受教育的时候，可以与生活、社会有着较高的联系程度，并进一步地提升实践的参与程度。另一方面，还需要在这样的教学模式下，充分调动学生参与生态教育的积极性，培养他们的自主性。而从教师的角度进行分析，教师需要在实际开展的教学工作中，可以进行教学方法方面的创新研究，以此利用各种教学实践互动，让学生进一步地提升生态道德方面的理解程度。

生态道德教育工作，需要格外的重视起小学阶段的教育。一旦学生度过了小学阶段的思政教育工作，就已经形成了一定的行为习惯，以及思考问题的方式，再进行生态道德方面的教育，就会徒增很多问题。为此，在小学阶段的教学中，不仅仅让学生的学习中涉及生态道德，还需要让生态道德知识可以涉及学生的生活，让学生在出了学校之后，依然保持着较高的生态责任意识。我国的特色社会主义建设中，是为了帮助学生充分地解决资源环境方面的问题，以此可以引导学生在未来的学习以及工作当中，都能够在一个科学合理的观念下，进行消费和生活。教师的日常教学工作当中，为了实现教学成果方面的分析以及研究，可以采用问卷调查的方式，首先对于学生的实际生态道德情况进行掌握。这样可以在今后的教学中，提升学生的消费观念。另外，在实际的教学工作当中，还需要能够开展一系列的社会调查。需要注意的是，社会调查开展的主体对象应该是学生，以此便可以较为全面的了解教学工作，以此实现教学方面的目标，通过提升学生生态道德实践的积极性以及自主性的方式，让学生可以在接受教育的时候，有着较高的灵活性。

生态道德的渗透教育是一种需要基于社会实践的工作，让学校思想政治理论可以很好地发挥出应用的教学效果。另一方面，在这样的教学模式下，也能够有效地推动小学生，对于社会、国家的了解，是一种健全学生品格的重要方式。思想政治理论课程当中，需要保障学生可以将社会实践与生态道德教育进行有机的结合，以此让学生可以很好地在走出校园之后，可以通过生态环保实践活动，提升自身的环保意识。

综上所述，在对小学思政课渗透生态道德教育的构建与实施研究中，依然面临着较多的教学难点。要基于教学方面的难点进行针对性的研究和处理，让学生可以在接受教育的初级阶段，就能实现良好的教学效果，才可以推动我国教学事业的全面改革。

第三节　基于生态道德教育的小学道德
与法治教学策略

学生是祖国的未来和希望，加强对小学生生态道德教育，让学生初步了解人类共同面临的人口资源和环境问题，具有关爱自然的情感，明白人类和自然是真正的命运共同体，形成保护生态环境的意识，可以促使学生生态观念的养成，有利于学生的长远发展和为祖国营造更美好的明天。近年来，生态道德教育和道德与法治教学的结合，已经成为提升学生核心素养的重要一环。文章从生态道德教育的背景及积极意义等入手，就基于生态道德教育的小学道德与法治教学策略提出了浅薄的建议。

一、生态道德教育的背景及意义

（一）生态道德教育的背景

随着人类日益加剧的生态危机，让人类意识到，虽然科技和文化进步给人类社会创造了很多的物质和精神财富，但生态环境也不容忽视，大自然正在遭受前所未有的挑战，人类很早就发现了生态危机，但直到现在，生态危机依然存在，主要表现在：人口众多、环境恶化、资源枯竭。人口问题主要表现在人口增长的速度远超过了地球的承载能力。另外，世界人口分布不均衡，发展中国家人口普遍压力过大。人口的急剧增长，经济发展步伐的加快，同时也造成了资源的紧张，矿产、森林、水资源等面临着枯竭。而环境污染的表现主要体现在大气和水污染两方面，尤其是水污染现象严重，水污染也是造成水资源缺乏的一个重要原因。大气层充满了化学残留，二氧化碳含量飙升，而生态环境的破坏最主要都是人为造成的，如果我们不爱护环境，大自然也必将会以它的方式报复我们。迄今为止，今年年初起在世界大爆发的新冠病毒确诊病例超九千万，数百万人的生命被夺走，生活秩序被打乱，世界经济遭重创，人类原有的价值观被撕裂；去年开始的澳洲大火持续了近 5 个月，1400 多千米的海岸线烧成了红色，12 亿动物惨死，无数森林和土地被毁，大火还带来了全球性污染，排放了整整 4 亿吨二氧化碳。

（二）生态道德教育的意义

生态环境教育是社会发展的必然趋势，是人类不断完善和发展自身的标志，是人类道德与法治教育中一种重要的体现。学生是祖国的未来和希望，基于生态道德教育的小学道德与法治教学，有利于树立学生的生态情怀，帮助学生认识到人与自然的相互作用，人与自然是和谐共生的关系，明确人类和自然是真正的命运共同体，从小规范自己的生活方式，维护好生态平衡。生态环境教育也是社会主义生态文明建设的核心，有利于中国走可持续发展道路的战略方针，有利于国家的长治久安。

二、基于生态道德教育的小学道德与法治教学策略

随着我国教育水平的不断提高，对教学水平的衡量标准已经不单单局限在对学生学习成绩的提高，要注重学生德智体美劳的全面发展。尤其是小学阶段，由于学生的天性还没有得到全面的开发，这个时期加强对学生思想和品德上的教育，有利于学生未来的长远发展，树立崇高的理念，避免受社会上不好的风气影响。学校教学

的重点也不再仅仅是教会学生理论知识，而且还要注意培养学生的高尚信念和核心素养，将生态道德教育理念融入到小学的道德与法治教学中，可以有助于学生综合素养的全面提升。

（一）创设情境教学，巧妙提问

教学环境对学生的学习成果有着非常重要的影响，老师在对学生的道德与法治教育上，要学会营造课堂氛围，理论与实践相结合。通过创设情景的方式，加深学生对教学内容的理解，激发学生的学习热情，鼓励学生积极参与讨论课堂讨论，在课堂上敢于发表自己的观点，从而提高学习的积极性。利用创设情境的教学手段，值得注意的是要根据实际情况来联系课本内容。针对培养学生的生态环境保护观念，老师可以积极组织学生参与课外实践，创办各种各样的活动，来提高学生的参与度，进一步深化环境保护的意识。例如：《地球——我们的家园》的课堂上，可以借助巧妙的提问，"真的只有一个地球吗？""假如有一天离开地球人类将怎样生存？"引导和启发学生陷入思考，可以从地球为人类提供的资源等层面引导学生，让学生从生活的情景中联想地球和自然为人类都提供了那些赖以生存的资源，并鼓励学生积极发言，这样既可以让学生更深入地了解课堂内容，达到让学生初步理解人与自然、环境的相互依存关系和明白环境问题的严重性的目的，又强化了学生生态保护的意识，帮助学生形成保护环境的意识，从而养成保护环境的行为习惯。

（二）形成学习小组，讨论研究

在道德与法治教学时，老师可以采用小组学习，合作探究的方式进行授课，让学生自主组成学习小组，在小组讨论中完成对知识内容的掌握，并且通过讨论加深理解的程度，同学之间也可以有一个更好的交流和学习模式，学习小组可以培养学生的团队意识，让学生明白团队和合作的重要性。当然，在具体教学过程中老师要对小组成员的构成提出合理化建议，对此，首先老师要掌握学生的实际情况，对学生的性格特点以及知识的掌握程度、逻辑思维能力和语言表达能力都要有一定的了解，在小组划分时，将不同程度、不同能力水平的学生平均安排在各个小组中，以保证分组的平衡性，这样在学习讨论中，学生之间才能够取长补短，达到小组讨论的最理想状态。同学在讨论学习中可以互相借鉴学习方法，慢慢养成好的学习习惯和学习态度。例如：在《节约资源》的教学内容中，老师可以通过提问的方式，让小学生举例在生活中水都有什么样的用途？分别用一缸水、一勺水和一滴水来比喻地球上的水资源、地球上的淡水资源和人可以饮用的水资源，也可以借助图像和视频，让小学生体会到水资源的匮乏和珍贵。学生可以自由组成小组讨论，小组之间还可以互相点评，增强了学习的互动性和趣味性。

（三）借助教学手段，加深理解

随着中国科学技术的不断进步，教学水平也在不断提高，老师要转变传统的教学观念和教学手段，借助计算机网络技术和多媒体教室强化教学成果，随着信息化水平的不断提升，先进的教学手段为教学提供了有利的条件和保证，而在小学教育中运用较为广泛的就是多媒体技术，这种新颖的教学手段，可以大大提高学生学习的兴趣，在观看课件时就可以掌握相关的知识点，小学生的注意力很容易收到外界环境的影响，利用多媒体可以增强学生的注意力，提高学生课堂的参与度，保障了课堂教学的效果。例如：在《应对自然灾害》的课堂上，可以通过播放自然灾害的视频或者是图片，或者是相关的保护环境的动画片，来提高学生的兴趣，加深学生对生态保护重要性的认识，让学生初步了解到我国自然灾害的种类、分布及其危害和知道如何有效预防自然灾害。借助多媒体资源，可以保障教学的质量和水平。

（四）理论实践结合，实践教学

在传统的教育模式下，老师容易将课堂作为教学的中心，教学内容较多立足于书本，而忽略了实践活动的重要性。在道德与法治教学时，老师可以定期组织一些课外活动，真正让学生融入大自然之中，培养学生的实践能力和创新能力。教学内容是源于生活的，其本质也是要为生活服务的，在课堂上可以多设计一些小游戏来强化学生对知识的掌握，加深印象。比如：《垃圾分类从我做起》教学时，老师就可以借助"垃圾分类"在全国范围内推行的案例，组织一些知识问答的趣味游戏；另外，老师还可以组织学生多参与到社会公益事业中来，开展垃圾清扫活动，或者创办争当生态文明小卫士的活动，还可以让学生之间相互监督，以学生来带动家长，以家长来推动社会，为社会主义生态文明建设贡献自己的力量。对表现好的学生老师要给予鼓励，口头的表扬或者是小红花，通过激励的方式，从小培养学生的环境保护意识。

（五）引导启发学生，激发热情

教师要转变传统的教学观念，学生才是教育的主体，老师要积极引导和启发学生，培养学生的创新思维，发挥学生的主体作用。在传统的教学模式下，老师充当教学的主体，老师根据自身的情况，制定教案、选用教学手段和方法，掌握教学的进度，学生在上课过程中，要适应老师的教学节奏和方法。传统采用的是"灌输式"的单向教学模式，学生比较被动，一般学生都没有较大的学习热情，感觉课程比较刻板和单一。在新的教学理念的引导下，老师要在教学中突出学生的主体地位，依照学生的性格特点和知识掌握的程度，及时调整教学方案，实行个性化定制教学。在教学中突出学生的主体地位，可以激发学生的学习热情，培养学生的创新能力，使学生的综合素养得到全面提升。例如：在《手拉手，交朋友》的课堂上，老师先依照教学内容，告诉小学生该怎样交朋友？然后让学生通过自己的方式，自主选择要交的朋友，老师可以通过这种方式掌握每一位小学生的性格特点，有利于今后学生的深度学习。

总而言之，基于生态道德教育的小学道德与法治教学是非常重要的，也是非常有必要的，对学生的长远发展有着积极的推动作用。学校和老师要加强对这方面的重视程度，选用科学的教学手段和方法，促进学生的健康长远发展，全面提升学生的综合素养。当然在实践教学中，还要积极发挥教师的主观能动性，在教学过程中不断总结经验和教训，找到适合自身教学的方法，在实践中不断创新教学手段，提高自身的教学水平，保障教学质量，推动小学生生态道德教育和道德与法治教学工作的顺利进行。环境保护是一项重要的课题，也必将是一项长久的课题，爱惜环境就是爱惜人类自己，我们要坚持走中国特色社会主义可持续发展的道路，绿水青山就是金山银山，为子孙后代谋求更大的福利。

教学案例1：

我是一张纸

一、资源分析

　　本课是在《小水滴的诉说》《清新空气是个宝》两课的基础上，对学生进一步加深环保意识的培养，旨在通过观察与探究活动，引导学生从自己身边触手可感的资源出发，了解纸张的来源及纸张在生活中的重要作用，明确纸张来之不易，而且与我们的生活息息相关。

二、学情分析

　　纸与学生的生活密切相关，与环保问题紧密相连。二年级的孩子由于年龄较小，生活经验也较少。在他们的意识中，纸并不陌生，因为在大家的学习和生活中，纸是最普通平常的东西，纸的使用是广泛而普遍的。而平时纸的供应也很充足，所以孩子不明白纸张的来之不易以及浪费纸产生的环保问题，往往会忽视对它的珍惜和节约。校园里浪费纸的现象也处处可见：用纸只用单面，写了几个字的纸随手丢弃，如厕、洗手过度使用纸，撕本子来折东西的现象也屡见不鲜……学生需要对纸有深入的了解，明白纸实际上来之不易，才会产生珍惜和节约的心理，进而明白为了保护环境，社会、个人应该如何节约使用纸张。

三、教学目标

　　1. 知道纸在生活中无处不在，感受纸与我们的生活息息相关，体会到纸张的作用。

2. 了解纸张的来源，认识到纸张的来之不易，知道节约用纸的重要性。

3. 懂得纸、树木、森林与环保的密切联系，初步树立节约用纸的意识。

四、教学重难点

教学重点：了解纸与人们生活的关系，认识纸在生活中的重要作用。

教学难点：了解纸与环保的密切关系，树立节约用纸的意识。

五、教学过程

（一）创设情境，激趣乐学

1. 师：同学们，今天有一位神秘的朋友要和我们一起上课，来听听到底是谁？（出示录音）

2. 师板书课题《我是一张纸》，揭题。

【设计意图】：创设卡通人物纸娃娃，直接揭题。

（二）闯关活动，体验探究

1. 师过渡语：今天，我们要和纸娃娃一起开展"探索纸世界奥秘"的闯关活动，有信心吗？

2. 出示纸娃娃录音。

【第一关】：认识生活中的纸，感受纸的无处不在

1. 帮忙找出纸娃娃的身影。

2. 师：在生活中，你还在哪些地方见过它？它又是用来做什么

的呢？课前老师让大家去寻找纸娃娃的影子，并把它带来班级和同学见见面。

3. 师：谁先来跟我们介绍他带来的纸娃娃的用途呢？注意，别人展示过的纸不能重复哦。（全班展示）

4. 师：听了同学们的介绍，老师发现原来生活中有这么多东西和纸有关。老师也带来了一些同学们想不到的纸娃娃。（课件出示）

5. 师：我们在生活中见识了这么多不同种类的纸娃娃，你想说什么呢？

6. 师小结：其实，纸娃娃家族成员还有很多很多，今天咱们只见识了一部分，还有更多的纸娃娃等着同学们去发现它们，它在我们的生活中无处不在，我们到处都能看到。

【第二关】：思考纸在生活的应用，体会用纸的必要性

1.（出示纸娃娃录音）：小朋友们很聪明，无论我变身成什么，你们在生活中处处都能发现我。那你们能不能分辨出在不同的情况下，该用什么样的我呢？

2. 师：纸娃娃要考考同学们了。在这几种情况下，我们要和哪种纸娃娃交朋友呢？

3. 明明的一天（出示图片＋录音）

4. 师小结：孩子们，其实不只是明明，我们每个人一天的生活无论在什么情况下，都要用到纸，离不开纸，纸无处不在。

【第三关】：了解纸的来历，体会纸的来之不易

1.（出示纸娃娃录音）：同学们，虽然我是你们最亲密的小伙伴，但你们知道远古时代没有我，人们用什么写字吗？）

2. 师：（PPT出示最早的纸）你们喜欢这样的纸吗？为什么？

3. 师：后来，在东汉时期，蔡伦改进了造纸术。（出示蔡伦造纸的录像）

4. 师：看了故事，你有什么发现？

5. 师：现在让我们也穿越时空，来当一回古人，造一张纸。

6. 师：现在请小组长上来领取你们小组的造纸工具。小组成员按照视频里的操作说明合作造纸，成功的小朋友可举手示意老师。

8. 师：刚才在实践中，你有什么体会？

9. 师：同学们，经过你们自己亲自动手尝试，你们觉得纸张来得容易吗？（板书：来之不易）

10. 师：而且蔡伦改进的造纸术还是我国的四大发明之一，对我国乃至世界文化的传播做出了巨大贡献。在我国贵州的一些地方，古朴的村民们还完整地保留着我们古代造纸的工艺世代相传。

11. 师：时代在发展，科技在进步，那么现代造纸是怎么把大树变成薄薄的纸张呢？ 我们一起走进现代造纸厂来瞧瞧吧。（出示视频）

13. 师：看了视频，你有什么想法和大家分享？

【设计意图】：采用闯关体验的方式，引导学生走进生活去寻找纸张，明白纸在生活中的应用，了解纸的发展历程等，让孩子们明白纸在我们生活中是无处不在的，唤起孩子节约用纸的意识。

（三）拓展延伸，引领生活

1. 师：同学们真是太厉害啦，连闯三关，探索了纸娃娃家族世界的奥秘。下面让我们一起来读读拍手歌认识《了不起的纸》。

【设计意图】：通过全班齐读拍手歌，既活跃了课堂气氛，又帮助学生进一步了解纸在生活中应用。

（四）总结升华，深化认知

师：孩子们，纸是我们的好朋友，我们的生活离不开它，可是纸是有限的，节约用纸，保护环境，人人有责。我们可以怎么来节约用纸呢？下节课我们接着来探究。

【设计意图】：总结，为第二课时做铺垫。

六、板书设计

我是一张纸

无处不在

来之不易

教学案例2：

暴增的垃圾

一、资源分析

《暴增的垃圾》是部编版小学道德与法治四年级上册第四单元"让生活多一些绿色"第二课"变废为宝有妙招"的第一个话题。

二、学情分析

四年级的学生对垃圾暴增的现状及其危害没有深入的了解，对垃圾与资源两者之间的联系也缺乏认识和体会，但他们具有一定的观察、理解、合作与表达能力，充分挖掘学生的探究能力。

三、活动目标

1. 认识垃圾的来源及其对环境的污染

2. 了解垃圾暴增的现状和危害

3. 正确认识垃圾，懂得垃圾可回收再利用

四、教学重难点

1. 了解垃圾的来源

2. 认识垃圾暴增的现状及其给环境造成的

3. 树立环保意识，懂得垃圾可回收再利用

五、教学过程

（一）导入

1. 新闻视频

师：同学们，在生活中我们经常会在路上看到饿了吗、顺丰等送货人员，他们每天都忙着运送商品，你们家里会网上购买东西吗？

采访学生

师：随着人们的购买欲增强，收快递已经成为我们生活中的一部分，但是快递盒的出现也给我们的生活带来了一些问题，让我们来看一段视频，边看边思考，你从视频中看到了什么？

生回答

师：经济不断的发展，生活质量的提高，人们购买力增强，产生的快递垃圾也逐渐增多，不仅如此，生活中各种各样的垃圾也在暴增，今天这节课就让我们一起探究这个话题。（板书：暴增的垃圾）

【设计意图】：从学生生活中入手，观察、了解垃圾从哪里来。

2. 揭题、板书

（二）了解垃圾的现状

师：同学们，除了快递盒以外，在生活中你见过哪些垃圾？能够具体说一说吗？

生回答

师：（出示图片：剩菜剩饭、教室里的垃圾、堆满垃圾桶的包装袋、堆积的烟蒂、废弃的电池、衣服、易拉罐、沙发……）而我们说这些垃圾都叫做生活垃圾，它随处可见。除了生活垃圾以外，我们还会有工业垃圾、医疗垃圾、建筑垃圾（出示图片）你们见过吗？在哪里见过呢？

生回答

师：正如你们所说的，这些垃圾来自小区、医院、工厂等。那你们有没有想过，我们身边的这些垃圾究竟是从哪里来的呢？（是谁产生的？）

生回答

师：是啊，我们人类活动到哪里，哪里就会产生垃圾。

师：那你们知道自己每天在班级会产生多少垃圾吗？课前老师专门调查了我们四年1班每天产生的垃圾量，它约为1千克；我们学校有30个班级，就会有30千克的垃圾；全市大约有300所小学，会产生9000千克的垃圾。请同学们拿出笔来算一算，全市小学30天会产生多少千克的垃圾？（270000千克）

师：你算得又快又准，真棒！那么一年呢？一年按365天计算（3285000千克）通过计算（出示柱状图）你发现了什么？谁愿意来谈谈你的感受？

生回答

师：这些垃圾来源于我们人类，你扔一点垃圾、我扔一点垃圾，今天扔一点垃圾、明天扔一点垃圾，日积月累，垃圾就会越来越多。（板书：数量多）

【设计意图】：通过说一说、算一算等方式，了解我国垃圾暴增的现状，同时让学生感受到垃圾的暴增与每个人都有观，明白自己也是垃圾制造者。

（三）垃圾的危害

师：同学们，美丽的地球是我们唯一的家园，可是我们人类活动产生了这么多的垃圾，那么我们产生的这些垃圾都去哪里了呢？

生回答

师：那么垃圾桶、垃圾场就是这些垃圾的最终归宿吗？暴增的垃圾对我们的生活有哪些影响？老师想请同学们以四人小组为单位进行交流讨论。在讨论开始之前，有讨论要求。

讨论要求：认真阅读资料，完成任务单；

讨论时请轻声，不要影响到其他小组；

讨论结束后派一名代表上台汇报；

活动时间为 5 分钟。音乐停止，即讨论结束。

师：听清楚要求了吗？好，那现在就请同学们从抽屉里拿出资料包，开始交流讨论吧。

根据资料包，完成探究。

（生分享）

师：通过刚才的交流分享，你们从中发现了什么？（你们觉得这三种垃圾处理方式怎么样？）

生回答（板书：危害大）

【设计意图】：通过观看视频、小组合作等学习方式，知道随意丢弃垃圾、垃圾焚烧、填埋垃圾等处理方式所造成的危害。

（四）正确处理垃圾与资源的关系

师：垃圾的危害这么大，而这些暴增的垃圾正在挤占我们宝贵的生存空间，甚至威胁我们的生命健康。我们每天产生的垃圾这么多。我们是否要为了维护地球健康，就要停止人类前进的脚步？

生回答（不能）

师：是啊，那么我们可以怎样更好地处理它们呢？

生回答

师：多数废弃物中都有可再利用的宝贵资源。如果我们不充分利用，不仅污染环境，还会造成巨大的资源浪费。在 2010 年上海世博会上，我们国家做了一件令全世界人为之惊叹的事情，让我们一起看看到底发生了什么？（播放微课）

师：微课播完了，你从微课中看到了什么？

生回答

师：这些牛奶包装盒就是我们所说的可回收垃圾，它能够再次利用，变废为宝。（板书：再利用）

师：同学们，我们在生活中要想变废为宝，可先要学会分辨哪些是可回收再利用的垃圾，哪些不是。你们有这双"火眼金睛"吗？

玩小游戏：找一找：这些垃圾中哪些是可回收再利用的垃圾？

活动：请学生上台（希沃操作）

师补充（知识窗：可回收垃圾：废纸类、废塑料、废玻璃、废金属、废纺织物、废瓶罐）

师：同学们，通过今天这节课的学习，你知道了什么？

生回答

师：垃圾的数量很多，危害极大，但是垃圾是放错地方的宝贝，只要我们正确地处置、充分地利用，我们就能把垃圾变废为宝。那我们还可以如何减少垃圾，变废为宝呢？让我们下一节课在继续探究。

【设计意图】：让学生认识到垃圾和资源以及与人类的关系，树立正确的环保意识，懂得垃圾可回收再利用。

六、板书设计

暴增的垃圾

数量多

再利用

危害大

第五章 培育规则意识，提升担当能力

加强规则意识教育，是适应我国法治建设与构建和谐社会的教育要求，更是提高学生核心素养、使之健康成长的需要。当前的青少年培养中，出现了一些规则意识缺失的现象，这警示着教师必须重视规则意识的培育，警惕社会中不良行为对学生身心发展的负面影响，充分发挥校园内的教育作用，让道德与法治课堂发挥其应有的价值。通过道德与法治教学，可以引导学生了解规则，渗透规则意识，约束学生各种行为，养成良好的品行。

第一节 基于道德与法治课程培养小学生的法治意识

法治意识是人们对法律的认可、遵守以及无条件服从，将法治内容纳入国民教育体系，一方面能够帮助小学生树立起正确的思想观念，健全他们的人格；另一方面可为小学生今后的发展奠定坚实的基础，在他们的成长与发展中起着不容忽视的作用。如何提高法治教育效率，促使小学生做到知行统一，是需要教师重点关注的问题，也是教育事业更好发展的重要途径。为此，需要教师从教学方法、家校合作、多样化评价等教学策略入手，以调动小学生的积极性与主动性，从而达到事半功倍的效果。

随着教育教学体制的不断改革与发展，小学道德与法治课程教学也受到了高度重视。小学生正处于人生发展的关键时期，但受到年龄及生活经历的限制，导致他们缺乏正确的法治意识，不能够正确抵制诱惑，在"互联网＋"的大环境下，极易误入歧途。作为教师，在传授知识的同时，还应帮助小学生树立正确的世界观、人生观和价值观，以增强他们抵制诱惑、维护自身安全的能力。本文就从道德与法治课程教学的重要性、目前的教学现状以及具体的改进策略等入手，落实道德与法治核心素养教学，以对现有的教学模式进行创新，从而促进小学生综合素养的全面化发展与提升。

一、小学道德与法治课程教学的重要性

（一）道德与法治课程标准的要求

《青少年法治教育大纲》明确提出，法治教育应在小学道德与法治课程教学中占有重要的比例，以提高小学生的治安、交通法规等意识，稳步提升他们的法治意识与道德水平。专家研究表明，人们习惯的养成及观念的塑造，都是在青少年时期形成的，在小学阶段进行法治教育是尤为关键的。正如著名教育家陶行知先生所言，今日的学生，就是将来的公民。学校是教育的主要阵地，是对学生思想进行陶冶的关键场所，因此教师应该加大对学生的法治教育力度，促使小学生真正做到知法懂法用法。

（二）小学生法治观念发展的需求

小学生是未来社会发展的重要力量，承担着习近平总书记新时代中国特色社会主义建设的重要任务，他们综合素质发展水平的高低，在很大程度上影响着国家未来的发展。在教学过程中，向小学生传授法律意识，促使他们从法治的角度思考问题，是新时代下教育改革的主要途径。因此，一方面教师应该搜集小学生身边的法治案例，从他们熟悉的生活小事入手，以调动他们的学习兴致；另一方面还应鼓励小学生以小组的形式，对法治观念进行探讨，提出自身独特的见解，以加深他们的理解，将道德与法治课程的教学落到实处。

（三）社会法治化建设的追求

法治化是社会治理之源、之本，加快法治化建设，能不断提高社会的治理水平。随着网络化的不断发展，小学生接触到手机、电脑等现代化电子设备的机会越来越多，良莠不齐的信息层出不穷，小学生对规则与法治缺乏认识、理解，在很大程度上阻碍了他们的全面化发展。学校教育作为社会的一部分，在教学中注重渗透法治化建设理念，能有效打破法律与小学生之间的隔阂，能够提高他们的落实能力，从而可在循序渐进中推动法治社会的发展。

二、小学道德与法治课程教学的现状

（一）课程知识点分散

首先，道德与法治课程中法律内容概括性、理论性、系统性均较强，小学生理解起来难度较大，在学习的过程中，很容易出现畏难情绪，尤其是在学习公民权利、国家机构设置及权力等内容时，学习效率较低。其次是该课程涉及内容较多，涵盖了日常行为规范、生活方式、做事规范等方面，知识点较为分散，缺乏体系性，小学生在学习时，理解较为浅薄，无法掌握课程的内涵与精髓。最后是课程与实际生活之间缺乏联系，无法做到理论与实践相统一，导致学生难以理解，落实的难度也大大提升，在这种情况下，他们学习的积极性也较低，课堂教学效率自然也不高。因此，作为教师，应该从课程自身的特点入手，使小学生真正理解法律在实际生活中的运用，以促使他们将法律内容熟记于心。

（二）学生对课程缺乏正确认识

小学生身心发展尚未成熟，从自由散漫的幼儿生活进入到小学阶段，他们并没有形成正确的学习方法，再加上行为习惯、认知能力等也存在缺陷，导致他们在道德与法治课程学习中，存在的问题较多。首先是对课程缺乏正确的认识，潜意识里认为道德与法治只是生活常识与人文知识的灌输，在学习中兴趣缺乏，不端正的态度导致了较差的学习效果。其次是注意力集中的时间较短，没有良好的学习习惯，导致他们的学习呈现出阶段性、散漫状等的特点。最后是小学生对课程背后蕴含的意义理解不到位，在不重视的前提下，学习效果甚微。

（三）教师教学方法陈旧

长期的教学生涯，使得教师的经验较为丰富，形成了自身独特的风格。但受到思维定式的限制，也给教学带来了不利影响。首先是教师的教学思路固化，缺乏创新意识，陈旧的教学方法很多时候并不适合学生的学习，尤其是随着多媒体设备的不断使用，传统的教学模式受到了冲击，如果教师继续按照老套的方式教育学生，将导致学生产生逆反心理。其次是教师习惯于用口述或者板书的形式，但对小学生来说较为枯燥，很多知识点难以掌握。最后是教师缺乏终身学习的意识，对多媒体设备使用不够熟练，这也给教学带来了一定的困扰。

（四）落后的评价方式

课堂中对学生进行实时评价，是新课改下对教师提出的全新要求。但在传统理念下，很多教师依然把成绩作为评价学生的唯一标准，错误的评价理念，导致学生掌握的知识是惰性的，无法在实际生活中加以运用。其次是教师的评价用语较为单调，过多地使用"你真棒""非常好"等空洞的词汇，在多次评价的基础上，难以激起小学生的胜负欲。最后是教师的评价没有指向具体的实例，显得较为随便，小学生获得表扬后，也没有独特的感受，整个评价过程流于表面。

三、小学道德与法治课程教学的具体策略

（一）实践教育，注重融会贯通

基于真实案例的社会实践活动，能够让小学生在参与过程中获得体验感、丰富感，能在增强他们法治意识的同时，加深小学生对课堂内容的理解。为此，教师可组织丰富的实践活动，加强知识之间的联系，以促使小学生做到融会贯通。

《安全记心上》有的内容是关于酒驾的，对于小学生来说，身边的酒驾故事并不少，这样教师在组织实践类活动时，就可先让小学生讲述自己身边的故事，并谈谈感想，然后组织他们进行角色扮演，以认识到安全的重要性。之后教师再进行理论知识的教学，小学生能够更好地理解"饮酒后驾驶机动车的，处暂扣六个月驾驶证，并处一千元以上两千元以下罚款……醉酒驾驶机动车的……"等交通法规的含义，有助于他们在生活中约束父母以及其他人等的行为，进而有助于他们更好地遵守交通法规。此外，教师还可借助多媒体设备，布置小学生利用课余时间，搜集与酒后驾驶相关的交通案例，提高他们思想上的重视性。对于小学中高年级的学生来说，教师还

可带领他们协助交警指挥交通，一方面促使他们体会到遵守交通法规的重要性；另一方面有助于学生站在交警的位置上思考问题，做到将心比心，以促使他们更加坚定地遵纪守法。

总之，实践活动教育的形式是多样的，教师应善于从生活中的小事入手，挖掘其中蕴含的法治思想，从而为小学生的成长更好地保驾护航。

（二）家校合作，培养正确意识

家庭在小学生的成长中起着较为重要的作用，尤其是在培养他们法治意识方面，家长的支持与教育是必不可少的。但在传统教学理念下，很多家长认为法治教育是教师单方面的责任，与学校的配合度并不高，导致出现了 $5+2<7$ 的现状，学生在校学习的内容得不到巩固，更有甚者，家长的思想理念与学校教育背道而驰，使得教学出现了适得其反的效果。因此，随着新课改的不断实施，学校应该注重家校合作，营造良好的学习氛围，让小学生能够随时随地进入到法律知识的学习中，从而培养起他们正确的意识，这对于他们今后的学习与发展也是受益匪浅的。

例如在学习《我们受特殊保护》部分内容时，作为未满 18 周岁的未成年人，与成人相比，在承担责任与义务时，存在一定的特殊性，应该如何培养他们的责任意识是教学的重点。这样教师就可组织家长与学生一起研读《未成年人保护法》《预防未成年人犯罪》等法律文件，以为课堂学习做好充足的准备，家长在陪伴学习的过程中，也可教给学生一些自我保护的方法，从而促使他们健康快乐地成长。而在学习《弘扬优秀家风》部分内容时，优秀家风为个人成长指明了方向，教师在教学时，就可在与家长沟通后，组织亲子观影，亲子故事会等活动，通过法治短片、小故事等调动小学生的兴致，以营造良好的法治氛围。

总之，在小学生的成长过程中，家庭和学校是同等重要的场所。只有连贯一致的教育，才能促进小学生思想意识上的转变，帮助他们形成正确的规则意识、道德规范与法治观念。

（三）趣味加情境，多种方式并行

首先教师应避免灌输、讲大道理等的形式，而应该从小学生的实际生活入手，选择他们身边真实发生的故事，创设生动形象的情境，以促使小学生产生身临其境的感觉。例如在部编版小学道德与法治五年级下册学习《读懂彼此的心》部分内容时，教学目标要求小学生了解与家人产生不愉快的原因，学会在沟通中理解家人的爱。这样教师在教学的过程中，就可借助多媒体创设如下情境：期中考试临近，小刚邀请小明踢足球，母亲以考试为由，不许小明参加，小明觉得母亲不理解自己，非常生气，如果你是小明，你会怎样做呢？很多小学生对此深有感触，他们倾诉的欲望较为强烈，在课堂学习中也表现出了浓厚的兴趣，使得课堂效率较高。其次是教师应注重法治教育的趣味性，将枯燥的条文转化为学生喜闻乐见的形式，以激发学生的学习动力。例如在学习《多样的交通和通信》内容时，教师就可要求学生谈一谈自己的出行体验、多样化的交通方式，以及遇到交通事故时我们应该怎么做等内容，以在趣味化教学中，调动起小学生的好奇心，促使他们产生探究的兴趣。此外教师还可组织演讲比赛，以"宪政精神深入人心"为主题，鼓励小学生自主搜集资料，包括观看小视频、听长辈讲述等形式，以构建起完整的知识网络，并加入自身的理解，从而在演讲比赛中展现出自身的风采。

总之，教学有法教无定法，教师应根据小学生的特点，随时对教学方法进行调整，促使他们从"要我学"到"我要学"转变，以使课堂教学达到事半功倍的效果。

（四）强化评价，完善教育模式

评价能够有效反映课堂教学活动的价值尺度，能不断改进和完善法治教学的基本模式。为此，教师应该注重过程性与结果性相结合、动态与静态相结合等的评价方式，同时注重评价的时效性及针对性，以促使小学生做到善学、爱学、乐学。

首先教师应从小学生的作业与课堂表现入手，多采取正面的评价语，鼓励他们在循序渐进中掌握法治内容。例如在学习《我们的班规我们订》内容时，没有规矩不成方圆，课程标准要求小学生民主制定班规，懂得班规可根据实际情况进行完善与修订，以增强他们的集体意识与规则意识。这样教师在教学的过程中，就应对小学生的课堂表现及时进行表扬，尤其是遵守课堂规章秩序的学生，实时的表扬能使他们内心愉悦，学习效率也将得到稳步提升。

其次教师还应从课内评价拓展到课外，对于主动交还失物、积极参加义务劳动、热心做志愿者等的小学生，教师应给予鼓励与肯定，借助表彰大会的形式，对他们的事迹进行宣扬，在肯定他们的同时，对其他小学生也能起到表率作用。为此，教师可建立日常行为记录册，并制定完善的赏罚制度，以加强法治内容与实际生活的联系，促使小学生真正做到学有所获。

最后是教师应在素质教育的要求下，将评价内容添加到综合素质表中，作为综合评价小学生的一部分，以夯实他们的核心素养，促使他们成长为新时代下德才兼备的优秀人才。

综上所述，随着社会化的不断发展，道德与法治课程教学成为培养小学生法治意识的主旋律，作为教师，应高效利用课堂教学时间，并从日常生活小事入手，遇物则诲，注重教学的灵活性，以促使小学生做到学以致用。此外，教师还应积极寻求多样化的教学策略，促使小学生将法治观念内化于心，外化于行，成长为自觉遵守法律、维护法律的合格公民。

第二节　小学道德与法治教学规则意识培养策略

小学是学生成长的重要阶段，道德与法治课教学对于培养学生品德具有关键作用。本文就小学道德与法治教学规则意识的培养进行充分讨论，简要阐述了培养学生规则意识的重要性，其中包括健全人格需要、减少违规现象、促进个性发展、提升道德素养等。着重探讨在小学道德与法治教学中培养规则意识的主要策略，如创设真实情境教学、强化课内外的体验、运用生活理念教学、合理设计趣味活动、积极开展多样实践和采取家校合作教学等，为教师提供有效参考。

一、规则意识培养的重要性

（一）健康人格需要

在小学期间，教师要引导学生充分了解基本规则，让学生正确认识相应规则，培养学生的规则意识。教师要为学生提供良好的道德平台，促使学生在该平台中得到长远发展，使其保持健康心理状态。在长时间的培养下，有助于学生形成完整的健康人格，促进学生的健康发展，增强学生的独立性，不断提高其道德品质。并使其在未来发展中具有广阔的发展空间，以展现出规则意识培养的优势。

（二）减少违规行为

在小学阶段，一些学生对规则的认识程度较低，未能认识到相关规则的重要性，对规则意识较为模糊，没有养成良好的行为习惯。在学校期间，经常出现各类违规现象，如，走廊大声喧哗、乱扔垃圾、教室内追逐打闹等，这极易发生相应的安全事故，无法对学生的自身安全进行保障，影响学生的健康成长。教师要不断加强对学生规则意识的培养，引导学生充分了解各项规则内容，有效促进学生良好意识的形成，减少违规现象的发生。通过培养学生规则意识，还可有效增强学生的组织纪律意识，促使学生在课堂期间能够认真听讲，集中注意力，不断提高学生的学习质量，确保教师更好地完成教育教学工作。

（三）促进个性发展

现在经济快速发展，人们的生活水平逐渐提升，家长对学生更加溺爱，导致有些学生未能形成良好的道德素养，致使偶发一些违规情况。小学阶段，由于学生的年龄相对较小，自控能力相对较差，并且该时期的学生天性好动，爱好玩耍，造成教师的教育难度相对较大，学生的随意性相对较强，无法在课堂中专注学习，导致学生的学习效率出现下降趋势。教师在日常教育教学过程中，应当严格要求学生，并对其行为进行有效引导。教师可有效为学生设定具体的范围，对学生的言行举止进行全面把控，以推动学生的个性化发展，促使学生在思想上得到较大转变，积极改善学生的不良行为，确保学生在日常生活中能够充分遵守相关规则，礼貌对待他人，提升学生的道德水平，增加其综合素养。在规则意识的培养下，教师要为学生创建良好的环境，使其具有正确的价值观念以及良好的道德品质，促使学生能够健康成长，以推动学生的全面发展。

（四）提升道德素养

规则意识通常是以规则为准绳，并形成相应的意识。规则意识包含的内容相对较多，如，社会道德、法律法规等等，良好的规则意识对学生发展具有重要作用，可有效提升学生的道德素养，使其针对相关现象能够正确辩证看待，对相关现象的是非进行准确区分。在现实生活中，道德与规则意识有着较大的关联，若学生具备较强的规则意识，则其通常会具有良好的道德品质，不断提升学生的人品素质。当前，学校对学生的规则意识愈发重视，并积极对其进行培养。教师要在道德与法治教学中，充分体现出培养学生规则意识的重要性，促使学生形成规范的规则意识，不断提升学生的品质素养。

二、规则意识培养的主要策略

（一）创设真实情境教学

小学道德与法治教学是培养学生规则意识的重要载体，在该课程教学过程中，可有效让学生对规则意识有着全新的认识，对学生思想产生潜移默化的影响。促使学生在该课程内容的学习下，逐渐形成良好的规则意识，并对其行为进行适当改善，以优化学生的言行举止，对其发展起到重要作用。教师应当加强对道德与法治教学的重视，不断强化学生的规则意识，促使其对各项规则进行充分了解，并对规则内容进行理解，有助于学生容易接受规则，并养成相应的习惯，在规则的引导下，使学生得到良好教育，形成规范的行为举止。

在实际教学过程中，教师应当积极创设真实情境，为学生提供充足的学习条件，促使学生在情境下对规则进行充分感知。同时，利用情境教学有效带动学生的积极性，活跃课堂氛围，将相关知识内容充分融入具体情境中，有助于学生主动加入情境教学活动中，确保学生在相应情境中了解各项规则内容，并对其进行充分掌握。通过学生对规则的了解，帮助学生在日常生活中遵守相关规则，逐渐提高学生的规则意识，不断改正其自身行为，促使学生的言行举止得到有效纠正。

（二）强化课内外体验

在小学道德与法治教学过程中，为了培养学生的规则意识，教师应当采取不同的教学方法，不断对教学方式进行合理改善。教师应该根据当前学生的规则意识以及教学内容，制定完整的教学方案，逐渐强化学生的课内外体验，加强课内与课外的有效结合，积极拓展教学内容，让学生对更多地规则进行了解，充分注重学生的规则体验。在教学过程中，教师应当逐渐突出学生的主体地位，发挥学生的主动优势，让学生对规则进行充分感受，增强学生的体验感，对学生意识的养成具有重要作用。同时，教师要挖掘课外资源，并充实于道德与法治的教学内容中，积极开展相应的拓展活动，促使学生在一系列活动中认识内化规则，并对其进行深刻记忆。这样，有助于拓宽学生视野，有效确保学生将理论知识转化为自身行为，从而使其言行举止更加符合标准，对学生良好行为的发展具有重要作用。

（三）运用生活理念教学

小学道德与法治教学通常与实际生活有着较大的关联，教师在实际教学过程中，应当从生活角度出发，充分运用生活理念开展教学工作。教师要根据相关的理论知识与生活事例进行有效结合，以展现出教学内容的真实性以及重要性，有效吸引学生的注意力。通过对生活案例的详细分析，促使学生更容易掌握相应内容，提高学生的学习水平，并具有良好的规则意识。在课堂教学中，教师通常围绕教材中的主要内容进行讲解，不断对相关理论知识进行灵活运用，并积极引入相应生活案例，积累相应的教学素材，可有效对学生起到良好的吸引力，促使学生根据生活事例对相关理论知识进行自主思考，有助于学生对知识内容更好吸收。在教学过程中，教师还应当不断开展各类活动，增强课堂教学效率，促使教师能够在最短时间内完成相应教学目标，以推动规则意识培养的有效进行，使学生充分认识到规则的重要性。在生活理念教学方式的运用下，逐渐提升学生的认知水平，使其对规则更加认识，并能够对其进行全面实施，由此展现出道德与法治教学的实际作用。此外，在生活化教学过程中，能够让学生对理论知识更容易理解，以提高学生的理解水平，并在生活事例的分析下，确保学生对规则内容有着不同想法，使其能够根据自身的生活与各项规则进行充分对比，促使学生可有效及时发现自身存在的缺点。学生在规则意识下，逐渐对相应缺点进行适当改正，有效提高学生的综合素养，增加学生的道德品质，为学生未来发展奠定坚实基础，推动学生的全方位发展。

（四）合理设计趣味活动

小学生的记忆力相对较强，能够对相关内容快速记忆。教师在开展道德与法治教学中，应当充分对小学生的特点进行把握。根据学生特点合理开展相应的教学工作，完善教学内容，并对学生的兴趣爱好进行充分了解。在学生兴趣的基础上开展相应活动,有助于营造良好的课堂氛围,促使学生在该环境下,能够掌握更多知识,可有效强化课堂教学效率,加深学生对知识内容的理解,保证学生对各项规则进行深刻记忆。趣味活动中,教师应当对活动内容进行合理设计,不断优化教学活动,增强学生的满意度,从而不断带动学生的热情,使其能够主动加入各项活动。在活动中学习有关规则,确保学生能够对规则内容进行灵活运用,以展现出学生良好的规则意识。通过开展相应的趣味活动,可有效让学生对各项规则内容深入了解,提高学生的理解能力,强化学生的记忆力,充分利用学生的整体优势,使其形成良好意识,不断增强学生的自身素质。

(五)积极开展多样实践

在道德与法治教学过程中,开展丰富多彩的实践活动,有利于培养学生的规则意识,促使学生对规则内容有着具体认知,对学生日后的学习、生活以及工作均有着较大帮助。因此,教师应当积极开展多样实践活动,确保学生在实践中养成规则习惯,提高规则意识。在实践活动中,应当增加实践方式,让学生在不同实践活动下感受相应的规则内容。通过开展多样实践活动,有助于增强学生的兴趣,避免单一活动使学生出现抵抗心理,由此对教学工作的开展造成较大影响。教师应当加强与学生之间的交流,了解学生的实际想法,从学生角度出发,对实践活动进行全面优化,确保其符合整体教学标准,满足学生的学习需求。在活动开展过程中,教师对学生的思想应当进行正确引导,提高学生的法治意识,促使学生在日常生活中充分遵守相应规则,能够确保学生的自身安全。学生在实践活动中,可有效认识到规则与安全之间的关系,并使其辩证看待相关问题，促使学生在思想意识上得到较大提升。此外，在实践活动过程中，教师应当对学生的整体表现进行观察分析，以掌握学生的实际情况，由此针对学生存在不足之处时，应当对其思想以及行为进行适当纠正，促使学生对正确的行为更加了解。在教师的指导下，有助于学生快速形成良好行为，并起到相应的示范作用，对于言行举止较好的学生，教师应当对其进行表扬，有助于增强学生的自信心，从而使其更加关注自身行为，以起到良好的榜样作用。

（六）采取家校合作教学

在学生规则意识的培养下，学校以及家长均应当承担相应的责任，做好相应的教育工作，促使学生不断按照相应规则开展有关活动。教师在学生意识培养过程中，应当充分采取家校合作的教学方式。在道德与法治教学下，其知识内容较为广泛，并在人们的生活中有着相应体现，教师以及家长均可对学生进行相应教育，促使学生认识到规则的重要性。在学生的培养过程中，要求家长应当具备正确的观念意识，明确学生当前的教育观念，对自身教育理念进行不断更新，以顺应当前教育的良好发展，符合教育的实际标准。通常情况下，家长对学生教育过程中，通常会存在一定的偏差，学生形成的思想观念也不尽相同。在实际教育中，家长应当采取适当的教学方式，避免对学生的行为进行约束，并对学生的实际发展造成阻碍。家长应当及时与教师进行沟通交流，配合教师完成相应的教育教学工作。在家校合作过程中，教师也应当根据学生的实际表现向家长进行反映，教师也需及时掌握学生在家状态，有助于教师及时调整相应的教学方案，采取合理的教学方式，对知识内容进行适当规划，以展现出高效的教学效果。家长应当以身作则，在平时为人处世过程中，不断为学生提供相应参考，促使家长充分起到模范作用，积极遵守有关规则，从而促使学生在潜意识中形成良好习惯，并为其创造良好的教育环境。另外，在实际教育过程中，教师还要和家长形成合力，对学生的行为进行监督，对学生出现的问题进行有效指正，促使学生形成优秀的规则习惯，促进学生的健康成长。

总而言之，规则意识的培养在小学道德与法治教学中具有重要作用。在当前教育改革以及发展背景下，教师应当充分注重学生的心理教育以及思想教育，逐渐向素质教育进行转移，落实我国相关教育政策，并对学生目前的规则意识进行深入了解。在小学道德与法治教学中，教师要制定合理的教学方案，对教师内容进行全面优化，改善学生的自身行为，利用一系列的实践活动，让学生对各项规则进行充分体验，使其感受规则的重要性，为学生健康发展创造优质的教学环境。

教学案例1：

我们小点儿声

一、资源分析

本课是根据课程标准中"懂礼貌，守秩序，爱护公物，行为文明"的要求设置的，着重从"遵守公共场所文明说话的规矩"的角度对学生进行文明礼貌教育。

二、学情分析

本活动是二年级的小学生常常会因为年龄、性格及身边环境的影响等原因产生在公共场所大声喧哗的毛病，如在教室吵闹、在校园吼叫、在公共场所大声交谈等，不懂体恤他人感受。通过学习，使学生们感受到安静的环境能给人带来愉悦，嘈杂的环境能给人带来不悦，从而感悟到打扰别人的学习、生活是不文明的行为，同时明确要做到不打扰别人就要适当控制自己的愿望、行为和声音，从而培养与提升他们的道德认识与自律行为。

三、教学目标

1. 通过学习，使学生感受到安静的环境给人带来愉悦，嘈杂的环境给人带来不悦，养成文明的说话习惯，培养关爱他人的情感。

2. 学会在公共场所适当控制自己的音量，自觉自律，遵守文明礼貌。

3. 知道在公共场所应低声说话，保持安静，不影响和打扰他人。

四、教学重难点

以情感为纽带，通过游戏体验、亲身设计、互动交流等一系列活动，让学生获得情感体验与文明意识的增强。

五、教学过程

（一）创设话题，体验噪音

1. 创设话题

师：孩子们，秋天到了，令人期待的秋游活动就要开始了，这可是一次游学的好机会。如果现在有五处游学点让你选择，你最想去哪儿？

（课件：游学啦！——1.悠度城市营地；2.闽南神韵；3.奥林匹克博物馆；4.鼓浪屿海底世界；5.万石植物园）

师：好，四人小组快速商量，选择你们最想去的一处游学点。

2. 小组讨论

四人小组讨论，教师巡视，拍摄视频，同步上传。

3. 师生交流

师：商量完了没？（讨论完了，说出游学点；没讨论完，了解缘由）

4. 还原现场（播放视频）

这就是刚才四人小组讨论的场面，你想说什么？（讨论时声音太大，教室里好吵）

5. 即兴采访

这是你们的感受，谁去问问现场听课的老师，他们的感受是怎样的？现场采访。

6. 过渡小结

这样的声音，影响了同学讨论，影响了老师听课，造成教室吵闹。这给了我们什么提醒？（四人小组讨论时声音要小声点，要关注到别人的感受）

7. 揭示课题

哦，四人小组讨论的时候，我们要小点儿声！（板书：我们小点儿声）

【设计意图】：通过体验，引导学生感受吵闹声影响我们的生活。

（二）常识普及，知晓缘由

185

1. 普及常识：

声音的大小我们用分贝来衡量，分贝越高，表示声音越大。

（课件3：0分贝——静音状态；低于15分贝——极为安静；30分贝——较为安静；40－60分贝——正常说话；80－90分贝——大声呼喊；90分贝以上——噪音）

提问：听了老师的介绍，你懂得了什么？

2. 接轨音控：

（1）声音是把无形的匕首，当你没能控制好音量时，它就可能伤害到别人的身心健康。去年我校开展了"控音行动"，每班教室都张贴《音控分阶表》，就是在提醒同学们在不同场合要控制好自己的声音。

（2）让我们重温下音控表，我们把声音分为六个音阶，即0－5级，每个音阶对应不同的场合，提出不同的音量表达。我们来感受下。

0级音阶即保持静音，安静无声。（学生模拟：静音）

要求安静时会有这样的提示标识，这种标志就叫静音标志。

（副板书：张贴三个标志）

动作提示

文字提示

你在哪些地方看到过这样的警示标志呢？（医院、图书馆等）

为什么这些地方要保持安静呢？（影响休息、影响治疗、影响学习）

小结：学会安静是一种礼貌，是一种文明；不影响别人，不打扰别人是一种美德。

1级音阶是轻柔低语，适合同桌讨论，试试看（同桌模仿）。

2级音阶是？（彼此听见）适合四人小组讨论，（四人小组模仿）。

3级音阶属于？（平时音量）正常说话的声音，音量是怎样的？

4级音阶呢？（舞台声音）

5级音量？（室外声音）

这两种声音都超过室内最高音量，所以不模仿了。

【设计意图】：通过各种教学方式普及声音的大小我们用分贝来衡量，分贝越高，表示声音越大的缘由。

（三）模拟场景，内化外显

1. 师：知道了这些道理，我们就带着他们一起游学去吧！

2. 模拟游学过程的几个场景：首先，我们要先乘车坐船！（板书：贴图—乘车坐船），观看海狮表演（贴图—观看表演），分享可口的美食（贴图—分享美食），来一场快乐的集体活动（贴图—集体活动）。

3. 师：游学好玩，还得注意文明规则，学会控制好自己的声音。这四个场景该用什么音量合适呢？四人小组讨论，完成"游学音控表"。

4. 交流互动，发表意见：乘车坐船里（0－1级）；观看表演（0－1级，喝彩时可以3级）；分享美食（0－2级）；集体活动（分为演员和观众两种情况）

5. 模拟现场：我们也来一段现场表演吧，老师带来了一首小诗，书中48页的一首很美的小诗，谁来表演诗朗诵？

提示：表演者的音量－3级音量；观众的音量—0级

小诗告诉你什么？（声音小了，世界更安静，心灵更文明。）

【设计意图】：情感体验，内化迁移，内化外显。

（四）回归校园，迁移践行

1. 今天的游学，我们知道在公共场所要小点儿声，不影响他人。学校也是公共场所，哪些地方也要小点儿声呢？（办公室、厕所、专用教室、大礼堂、廊道、楼梯）

2. 小点儿声是一种文明、一种修养、一种好习惯。小点儿声有两种情况，一种是安静无声，可以用静音标志来提醒；一种是降低音量，轻声细语，我们可以设计怎样的宣传画来提醒别人呢？请同学们动动脑筋，想一想。

3. 最后，老师为你们推荐两本有趣的绘本，叫《关闭大嗓门》《好安静的书》。书中的小动物将带我们走进安静而又不安静的童话世界。

【设计意图】：小点儿声是一种文明、一种修养、一种好习惯。知行合一。

六、板书设计

我们小点儿声

乘车坐船→观看表演→分享美食→集体活动

〇 〇 〇 〇

文明好习惯

教学案例 2：

公共生活需要秩序

一、资源分析

　　《公共生活需要秩序》是第五课的第一课时。本课通过创建学生现实生活中的场景，分析真实世界中的问题，引导学生理解公共秩序对于公共生活的意义，认识到有序的公共生活是人们安居乐业的保障，可以让人们感受到生活的美好，同时也是社会文明和国家精神形象的重要表现。引导学生初步形成规则意识，提高公共教养，树立公共意识。

二、学情分析

　　公共秩序对于五年级的学生来说并不陌生。从小他们就被家长和老师教导要遵守公共秩序。但却很少思考过遵守公共秩序的原因，以及有序的公共生活对于个人和社会的价值，因此，引导学生形成"公共生活需要良好的秩序来维护"的理性认知，树立规则意识就成了学生的学习增长点。此外，五年级的学生在观察、分析社会问题时虽然能依据一些现象说明自己的观点，但思考问题的角度往往比较单一，很难多角度看待问题。因此，培养学生多角度分析问题、解决问题的能力就成了学生思维的成长点。

三、教学目标

　　1. 知道公共生活要靠良好的秩序来维护，感受有序的公共生活让人们的生活更美好。

2. 通过搜集公共标志，知道不同公共标志在相应场所的应用。

3. 懂得在公共生活中表现出的文明程度和秩序意识不仅是一个文明社会的反映，也是一个国家文明的体现。

四、教学重难点

教学重点：知道公共生活要靠良好的秩序来维护，感受有序的公共生活让人们的生活更美好。

教学难点：理解文明程度和秩序意识不仅是一个文明社会的反映，也是一个国家文明的体现。

五、教学过程

（一）视频导入，直观感受秩序之美

师：这个游戏的名字叫"你和我不一样"，当老师伸出大拇指，同学们就要握拳。（老师示范）师：大拇指。（生握拳）师：握拳。（生伸大拇指）师加快速度"握拳"，生马上反应"伸大拇指"。

师：下一个动作，鼓掌——（不鼓掌）。

师：不鼓掌——不鼓掌——不鼓掌——（全班响起雷鸣般的掌声）。谢谢同学们给我大拇指和热烈的掌声，准备好上课了吗？

1. 今天，老师给你们带来了一份小惊喜，想看吗？看完之后说说你的感受。（出示学生大课间跑操视频片段）视频看完了，你想用什么样的词来形容这样的跑操？

生1：很整齐。

生2：很有序，像在看表演。

2. 师：同学们，你们看，赏心悦目的跑操需要有秩序，那么在

我们的社会生活中呢？今天，我们就共同来探讨"公共生活需要秩序"这一话题。（板书：公共生活需要秩序）

【设计意图】：通过呈现贴近学生生活的校园大课间跑操视频，初步感受秩序带来的美好，进而引出课题。

（二）探究体验，感知秩序之价值

活动一：秩序单，明秩序

课前，老师布置了大家完成一张"公共生活秩序单"，都做了吗？拿出你们的秩序单，现在四人小组内分享自己的发现。

1. 四人小组交流秩序单。

2. 师：哪位同学来分享你的秩序单？

3. 生分享。

评价1：你的字写得真漂亮，并且老师发现你还很有环保意识。

评价2：你还用了诗歌的形式，并且老师发现你防范意识特别强。

评价3：你一定是个遵守纪律的好孩子。

师1：听完了这几位同学的分享汇报，你们有什么感受？

生1：公共生活中有很多秩序。

2. 处处都要秩序，有的同学说，这些规则太束缚了，一点自由都没有。你们怎么看？请大家设想一下：假如公共生活没有了秩序，在图书馆里大家都不保持安静；在过马路的时候所有人都闯红灯，会产生怎样的后果？拿着你们的秩序单，同桌交流一下。

生：可能会发生事故、争吵。

师：（出示无秩序图片）看，正如大家所说所想的，没有秩序的公共生活将会是混乱的、不安全的、不和谐的。虽然处处都有规则，但如果我们都生活在这样有秩序的环境当中你有什么感受？

生：幸福、美好、安全。

生：高效。

小结2：通过刚才的交流我们明白了，有秩序的公共生活会使我们生活更加高效、安全、有序，使我们感受到生活的美好与幸福。因此，公共生活需要秩序。（点题）

【设计意图】：通过秩序单的分享，学生在观察生活的基础上，拓宽了对公共生活的关注，并从正反两面设想拥有和缺少公共秩序产生的不同后果，引导学生认识到公共秩序的重要性。

活动二：小实验，知秩序

过渡：刚才我们通过想象和交流的方式感受到良好公共秩序对我们生活的重要性。接下来，我们通过一个小实验来亲自体验一下吧。老师有一个温馨提醒：所有人需统一听指令，确保实验顺利进行。

第一次试验

师：全体起立，大家移步到小球边，小组长一只手扶着瓶子，每位组员手持一条线，拿着就可以，瓶子的小球就代表自己，现在大家来到了热闹的商场，非常开心，突然间，商场着火了，大家快跑！

（五名学生一齐拉绳子，瓶子左右摇摆）

师：大家从火场逃出了吗？

生齐说：没有。

师：为什么没有？

师：再给你们一次机会。

第二次实验

师：这次我们在上学路上的公交车上，车终于到了，可是马上要迟到了！大家快下车。

师：怎么样？这次顺利了吗？

师：对比两次实验结果，你们有什么发现？

生：第一次没有秩序，所以没有逃出，或者因为慌乱逃出却缠绕在一起，这样会导致新的危险。而第二次有了秩序，才又快又安全的逃离危险。

师：也就是有秩序才能让我们更加快速、更加安全地离开。

小结：通过刚才的小实验，我们发现了，生活中在一些特殊的情况下，有秩序让我们更加安全、更加高效，甚至还有可能挽救我们的生命。

【设计意图】：通过游戏环节的创设提升学生的学习兴趣，结合游戏谈感受，使学生在游戏分享过程中认识到有序的意义和价值，再通过层层分析，引导学生真切地体会公共生活需要秩序。

活动三：识标志，懂秩序

过渡：在生活当中，为了引导提示大家遵守公共秩序，人们还设计了许多公共标志。课前老师也让同学们去搜集你发现的公共标志，老师有一个重要的小提醒，一会儿先让同学们在小组交流，交流后将进行公共标志抢答赛，清楚了吗？

1. 好，小组交流开始。

2. 相信在小组的交流下，大家对公共标志一定有了更多的了解。敢不敢接受我的挑战？下面我们就通过抢答赛的形式进行公共标志大比拼，准备好了吗？

老师追问：你是怎么知道的？

3. 看来公共标志的名称难不倒大家，老师还有第二个小考验。下面请几位同学上台用你的火眼金睛移把这些公共标志动到你认为需要出现的公共场所，并说出这些标志的出现有怎样的作用。

小结：（板书：懂）通过刚才的活动，我们懂得了，形象各异的公共标志用无声的语言，时刻提醒着人们要遵守的公共秩序。但是，有了公共标志的提醒，人们是不是就会自觉遵守了呢？

【设计意图】：通过课前观察和课上学习的方式，了解公共生活中不同标志的意思以及适用场合。感受公共标志在生活中提醒人们遵守公共秩序的重要意义。

活动四：共参与，守秩序

1.（出示应急车道标志）这个标志大家认得吗？你对它有哪些了解？应急车道究竟是在什么情况下才可以使用呢？

2. 正如同学们所说的，无视公共标志，随意占用应急车道的行为就不单单是耽误时间、引起混乱了，有可能危及的是生命安全。因此，高速公路上的应急车道被视为救援的"生命通道"。

3. 思考：在有警示标志下，为什么还会有人做出不当的行为呢？

生1：图自己的便利，把应急车道当成了快速通道。

生2：看到别人走应急车道，你也走。从众心理。

生3：觉得不会被发现，有侥幸心理。

4. 正因为如此，他们要付出的却是相应的惩罚甚至是法律的代价。根据《中华人民共和国道路交通安全法》及《中华人民共和国道路交通安全法实施条例》有关规定，除执行紧急任务的警车、消防车、工程救险车、救护车外，其他机动车不得进入"应急车道"内行驶或停车。车辆随意占用应急车道的，驾驶员将面临罚款200 元、扣 6 分的处罚。

5. 可是，前几天老师在上班高峰期的路上遇到了一辆拉响了警报的救护车，得知是一位危重病人急需送至医院抢救，可这时候道路上没有应急车道，该怎么办？

6. 播放 45 度让路新闻。你看到了什么？

7. 在无人指挥的情况下，两条车道上的车同时向相反方向斜向避让 45 度，为后方的救护车让出一条生命通道，你想对这些司机说什么？

8. 是的，他们在这种情况下自觉地让出一条有秩序的道，让救护车得以迅速通过，所以，同学们， 即便没有法律的约束，在我们心中，还有内心的善念、道德的力量，规范、约束着我们的行为。

六、板书设计

公共生活需要秩序

知秩序

懂秩序

守秩序

第六章 牵着课题去散步

第一节 丽娃河畔的回响

2012年11月23日下午4：30，我正带领学生在操场跑步，只见校长笑眯眯地朝我走来，我立刻迎了上去，他高兴地对我说："市教育局通知，你已经成为成为厦门市专家型教师培养对象。"我嘴巴差点合不拢，心里那高兴劲，像一阵甜滋滋、清凉凉的风拂过心头。可兴奋之后马上忐忑不安，到华东师范大学要研究课题啊，课题研究可是我的"短板"，我要研究什么课题呢？校长看到我笑容中若有所思，笑眯眯地对我说："参加课题研究能解决你教学中的实际问题，提升你的科研水平，从而提高教学实效；还能让先进的教育思想渗透到教育教学工作中，打破固有的学生观、质量观、评价观。"我点头告别，决定请教区教研员章建兵老师。

记得那是个阴雨绵绵的早晨，我笑吟吟来到了区进修学校章老师办公室，还没有跨进办公室，章老师已经笑脸相迎，他调侃道："专家来了。"我喜忧参半地说："到华东师范大学培训需要参加课题研究啊，怎么办？"章老师瞅了瞅我，似乎想说些什么，但他转过身去，又扭过头来对我说："课题就是愿景，是自己在新的先进理念指引下对所向往的未来教育的憧憬，更是自己在未来一段时间内需要打造的科研成果！你愁什么？你们名师发展工作室课题研究成效显著，你可以在它的基础上拓展延伸。"我深思片刻，耷拉着脑袋，耸肩摊手答道："要怎么研究？"是啊！3年前，我参加了思明区陈学慧名师发展工作室，参与了《基于地方特色的课程资源的开发和运用》的课题研究。通过研究，我参与体验学生的生活，道德成长；我明白了挖掘和开发地方课程资源的重要性。"你们的课题在课例研究方面不厚实，这是你主攻的方向！"章老师语重心长地说。我抬头疑惑地望着章老师，呆了半晌，一脸茫然。

我沉吟良久。去年，我上了市级公开课《我爱厦门小吃》，上课时，有效地整合资源，课堂中我自己动手制作海蛎煎，学生介绍各类小吃，师生共同品小吃背后的故事，成功地将厦门特色小吃引进了课堂，可谓是一场视觉、嗅觉、听觉上的盛宴。老师把生活场景搬进课堂，展示海蛎煎制作过程环节的设计，增进学生的情感体验。该课例得到了较好评价。

同一办公室的教研员叶永泉听到我们的对话，情不自禁地说："邱老师，上学期你徒弟陈纯上的《乡音乡情》一课，反响也不错啊。"我恍然大悟。叶老师和颜悦色地说："许多厦门人对乡音不了解，课例中教师通过知乡音，识乡情；听乡音，感乡情；唱乡音，表乡情等学习活动，让学生了解民间歌曲——《天黑黑》《丢丢铜》《爱拼才会赢》，感悟民间戏剧——南音、布袋戏、提线木偶，欣赏民间舞蹈——拍胸舞，体验民间手工艺品——漆线雕。课堂氛围浓烈，听课的老师和学生从心灵深处，自发地产生一种作为家乡人的自豪之情及热爱家乡、热爱家乡人的积极情感。这也是很好的课题研究素材啊！"我连声道谢。我自言自语道："我上过5节关于地方课程资源的区级以上公开课,写过4篇有关地方课程资源的论文,自己对地方课程资源有一定的研究，我应该以它为根基，开展研究工作。我回过神来，高兴告诉章老师："我可以在名师发展工作室课题的基础上研究《小学品德与社会运用地方课程资源的课例研究》的课题。"柳暗花明又一村，我脸上闪过一丝不易察觉的喜色，章老师微笑地点点头。

2012 年 12 月 24 日，在众人的期盼中，伴着瑟瑟寒风，厦门市第四期小学专家型教师培养培养对象空降上海华东师范大学中山北路校区。华师大面积似乎很大，大学生们不停在校园里来回穿梭，经常可以遇见各种肤色的留学生，相视一笑，算是招呼。中山北路校区环境幽美，被誉为远东最美校园。路两旁种着许多梧桐树，树叶像千万只金蝴蝶伴随着雨点轻松活泼地飘落下来。离校门不远，可见一造型典雅的白桥。迎面扑来一阵清甜的幽香，我举目远眺，高高的桂树上挂着一簇簇迟谢的小花，正悄悄地散发出清香。桥的两侧是清清的丽娃河，她是华师大的母亲河，是华师大的灵魂，她承载了华师大深厚的文化底蕴，是一代代华师大学子轻快的笑声，赤胆的表白，远大的理想给她的生命注满希望。我伫立在丽娃河河边远眺冬阳，期盼一个月的培训有所得。我暗暗下决心：要努力做到理论学习具有前瞻性、教学指导具有实效性、教学研究具有务实性。要以教育科研为突破口，成为反思型、内省型、专家型教师；成为课改与教育科研的先行者、推动者、宣传者；成为我市教学实践与改革的创新型、研究型人才。

下午，开始上课，方主任满面笑容地致辞："你们是厦门重点打造的名师，科研水平要提高，要认真做好课题研究。"接着他抛出了课题并详尽布置了课题研究的具体任务。他神情庄重地抖出了一句话："要在规定的时间内完成课题的开题报告，否则要退学。"

我屏声息气，心中一顿，被吓出了一身冷汗，同学们面面相觑。还好，接下来的一幕让我们稍稍有点宽慰。方主任热情洋溢地介绍："有请导师！"德高望重的单中惠教授、和蔼可亲的金忠明教授、年轻帅气的胡东芳教授与同学们一一见面。同学们惊呼他们是高端、大气、上档次的教授，李班长挑了挑眉毛，激动地表示："久仰三位教授大名，今天能拜师，真是有幸。"

没有见过胡东芳教授前，我读过他主编"教育新观察"丛书，我对《教育童话——另类眼光看教育》爱不释手，也多次在不同的场合听我们校长介绍过胡教授的教学思想。我们校长经常向我们提起胡教授的"横切苹果"的案例，要求我们学会换个角度思考问题，打破固有思维定式。今天初次见面，感觉胡教授知识渊博、语言风趣幽默、观点犀利。我的导师金忠明教授，是那么的和善、慈祥。我牢记章老师的教诲，想请教教授怎样开展《小学品德与社会运用地方课程资源的课例研究》的课题研究。我向金教授汇报了我的想法，金教授耐心地倾听着，冲我笑了笑，"从学生成长共同体的视角研究提法可行，但是操作的难度大，你要广泛浏览，了解发现感兴趣的研究范围，怎样提高家长积极性？你要有办法。"我面露难色，轻叹一声："我们对《品德与社会》课程资源的地位和作用重视不够，地方课程资源课例研究都落内在任课教师的身上，造成大量的品德与社会课程资源未被挖掘，没有及时地被加以转化和进入实际。就厦门地区地方课程资源研究理论而言，呈现了一种研究力量不足的局面，仅仅靠学校和教师的力量是不够的，还需要社会有关机构、团体和家庭的理解与大力支持。然而，由于多种原因，教师在教学中往往难以得到他们的理解与支持，家长不支持的情况在教学中就比较普遍。""是这个理，"教授慈善地点头答道。

关于课程资源和学生成长共同体的案例研究，国内外许多专家通过不同研究得出了不同的结论，我要怎样开展文献的收集、整理呢？究竟什么是文献？我要怎样找到需要的文献……我心中依然疑惑着，陷入了久久的沉思。"吃晚饭了！"建奖同学扬起两道剑眉，惊呼一声。我从深思中醒悟，一脸恍惚。

第二天凌晨，忽然惊醒，也许是为上海 20 年来的第一场雪，也许是为上海的课题。我蜷着身子强迫自己再睡，但是迷迷糊糊又想起了课题，已经没有睡意。我睁开眼看到了泛着朦胧的月光。同宿舍的建奖同学不耐烦地说道："还早，再睡会儿吧？"我脸上露出忧郁，"我要了解课题文献并做恰当的取舍，"我应声道。"研究综述？"我轻叹一口气，脸上茫然。建奖沉吟了一阵，蹦出了问题："你需要搞明白，查阅文献资料是在研究的不同阶段所起到的不同作用，信息社会新文献多，你要及时发掘。"我怔了怔，思忖着建奖的用意，全身哆嗦。心想：建奖真是"课题才子"。随后，我急不可待地上网查找。通过浏览，我从中发现了感兴趣的研究范围，想从学生成长共同体的视角研究《品德与社会》地方课程资源，旨在引起对这一问题的关注和思考。我记录下与课题相关的资料，了解国内外专家在这个领域做过的工作和使用的研究方法。国外专家约翰·杜威、韦瑞特·查特斯、拉尔夫·泰勒，国内专家范兆雄、钟启泉、吴刚平、张华等一一闪现在我眼前。被誉为"现代课程论之父"的美国著名课程论专家拉尔夫·泰勒（Ralph. W. Tyler）撰写了《课程与教学的基本原理》一书，他首次使用了"课程资源"这一概念。泰勒认为教学活动资源的范围很大，凡有助于创造学习动力、领悟目标、恰当的课业、自强、奖赏、反馈和鼓励、循序渐进以及转化等学习环境的资源，在制订教学活动的计划时都应加以利用。他提出了课程的三个来源，对学习者本身的研究、对校外生活的研究、学科专家的建议。我认真品读范兆雄的《课程资源论》一书，他从分析课程资源构成要素入手，分析国家课程资源、地方课程资源、学校课程资源以及课程资源的普查、筛选与建设问题……我焦急的心情缓和了许多，但是怎样结合厦门本土实际做课题呢？研究方法和研究内容的关系怎样处理呢？我思绪在游离，陷入了久久的沉思，此时，我想到了厦门市特级教师李日芳。我拨通李老师的电话，对他说："李老师，我的课题要采用什么研究方法。"李老师严肃地对我说："建议你研究方向确定后，查找能够证明、说明、解决课题中的问题的关键资料。"

我释然了许多，与同学素珠分析了我课题主要研究方法：行动研究法和实地考察法。素珠清了清嗓子说："你选择它们的原因是什么？"我信心满满地说："行动研究法是由教师、学生、家长等参与者提高对课程资源教学案例的理性认识，加深他们对厦门地方课程资源的认识，提高课例的质量，以便更好地为基层教师服务。我要引导家长、教师、学生及时记录课程资源研究的情况，了解观察他们的能力和兴趣；我要将不同的课程资源带进教室，记录学生的反应；每隔一段时间我还要考察学生的了解能力；研究结束时，我要检查所有的记录，判断学生成长共同体真实的"成长"，评价自己的教学。"正说着，素珠老师一声轻笑，她的眼睛忽闪忽闪地问道："实地考察法怎么操作？"我脱口而出："在教师、学生、家长亲身体验厦门文化的同时，对所见所闻获得第一手资料，为案例提供帮助。"就是要求教师、学生、家长对厦门的地方资源进行考察，去看一看一些外在的、物化的习俗活动和表现形式，如建筑文化、民俗文化、宗教文化、民间艺术、宗族文化及方言等都可以作为观察内容。"素珠老师不停地点头，说完，她一扶拂尘，径直向宿舍走去。我欣慰一笑，心气总算缓了过来。

谈话间，李老师电话又来了，他热情地说："邱老师，咱厦门关于课程资源的研究有些成果。厦门市第二实验小学"闽南民间音乐"；何厝小学"延伸文化的根须，培育有根之人"特色校本课程；前埔南区小学"传承乡音乡情，弘扬闽南文化"；公园小学"弘扬闽南文化 构建多学科渗透体系"；人民小学"鼓浪屿文化"等一系列校本课程。厦门市小学课改重点课题《基于地方课程资源的研究性学习》结题材料汇编、小学基于地方课程资源的研究性学习课题结题材料《厦门市守望家门前的风景》等都是很好的学习材料。我把这些材料发给你，你要真学习才是。这是一面面镜子，读后你也许就能找到你课题的创新之处了，你的课题就有了研究的价值。"李老师接着说。我茅塞顿开，感谢、感恩溢满心头，我要认真查找文献并实现为"我"所用的效果。我要全面掌握我研究的问题，为课题确定研究方向，为课题提供科学的论证依据和研究方法，提高研究的效益。

第二天，我在宿舍内认真阅读了华东师范大学教授胡东芳教授著作《教育研究方法》，我仰取俯拾。胡教授认为：按记载事实的符号形式为标准，教育文献可分为文字型、图像型和音像型三大基本类型。我沉默着：我的课题要采用什么类型呢？我一思再思，脸上掠过一阵欣喜，我确定要采用文字型文献。此类文献主要分布在书籍、报刊、教育档案里。我来华师培训所带的书籍寥寥无几，我满怀兴趣地来到华师图书馆。

来到图书馆，一看，图书馆里坐满了人，我恭恭敬敬地站着等待。此时，图书馆里鸦雀无声。你看，同学们有的拿着铅笔忙碌地摘抄所需要的文段，有的聚精会神地思考问题。我眼睛一亮，李鹏同学端坐在东边的角落，他双眉紧锁似乎在思考什么，想他的《用耳朵学数学》的课题吧？我想。他一会儿拿着笔写，一会儿浏览网页，一会儿嘴唇动了几下又闭上，一会儿又用焦急的目光望着窗外，好像一下子要写完课题似的。在她的左侧，娜青同学一手托着下巴，另一手拿着书专心地看着，美丽的面庞写满焦虑，一会儿又和李鹏同学耳语几句。忽然，她起身面带微笑离开了座位，估计查找资料的任务完成了。他轻轻对我点头，示意我坐下。我翻看她早已经写满的摘抄本，羡慕嫉妒。我怔怔地望着她出神，她倦倦地笑，若有所思地打量我。

我熟练地上了华师大图书馆网站，在"知网"页面输入了"教育文献书籍"。果然，名著要籍、教育专著、教科书、资料性工具书及科普通俗读物——跃出网页。品种多、数量全，有的资料的历史还很悠久。我豁然开朗，心花怒放，心中涌动起一种不可言喻的快乐。没有材料很焦急，材料多了纠结，应该怎样使用这些材料呢？记得胡东芳教授谈过：教育文献有第一手文献和第二首文献之分，作为基层教育工作者应该尽量使用第一手资料。我睁大眼睛，一个劲地查找，我采取了"滚雪球"的形式，找几篇与课题有关的文章阅读，我品读了美国教育思想家约翰·杜威的《民主主义与教育》简介。本书是杜威的代表作，是一部堪与柏拉图的《理想国》、卢梭的《爱弥儿》相提并论的巨著。本书内容全面，条理清晰，结构合理，融科学性、系统性、理论性及学术性为一体，可供教育工作者参阅。再扩大查找对象，发现了许多文章都提到的篇目，那就是书中提到的"学校即社会"的章节，是参考文献中的"重点"文献。他认为：人们只有在社会中参加真实的生活，才是身心成长和经验改造的正确途径，教师的主要任务要创设合理的环境，引导学生通过生活改造经验。我想：生活是《品德与社会》学科的基础，品德课堂强调情感体验、牵引内化、强化践行，这是杜威教育思想的体现啊！我的课题就是要教师、家长形成合力引导学生走向社会，到丰富多彩的生活中去体验、感悟，发现地方课程资源并形成课例。我喜出望外，在美国著名课程论专家拉尔夫·泰勒《课程与教学的基本原理》、陶行知的《陶行知教育名篇》、范兆雄的《课程资源论》、陈冬梅的《课程资源的开发和利用》、陈月茹《课程开发和课程实施散点透视》等名著中都有约翰·杜威的篇目，这就是参考文献中的重点文献。我专心致志地查阅，通过对各种文献资料的比较分析，研究他们之间的内在联系与规律，获得了对课程资源的许多认识。三个多小时后我已经摘抄了许多文字，"占有"了许多文献资料。

　　回宿舍的路上，我偶遇晓弘老师。她见我过早出现皱纹的脸上浸满忧虑，她摊了摊手掌，试探地问："你采取什么方法？"我缓缓地说："我首先采取了'远粗近细'的方法。按出版年代的先后略作排列，离课题远的文献资料，用粗读或者略读的方法阅读，知道大概就可以用摘录和笔记的形式呈现，主要处理为教育科学研究提供事实证据的资料和为教育科学研究提供检索咨询的资料。我还采用'整理要目索引'的方法制作文摘卡片，"我不放心地说。"为了在华师的一个月内能完成好课题任务，在阅读有关文献资料的时候做有心人，把与研究课题有关的文献资料中涉及的内容或按原文题目概括成文字，编成索引，做到有问题、有材料、有观点，在文献的哪个章节一目了然。这样，我后期撰写课题时候就'多快好省'了。通过这一点我查到了专门为教育研究提供理性认识、感性认识和政策依据的资料。"晓弘老师心里也许有说不出的新鲜，很欣赏地对我点头又微笑。她是市"杰出教师"，主持了许多课题，研究成果丰硕。她揉着美丽的大眼睛仔细打量我。那份淡淡的和气是那么的恬静，轻轻地说："在搜集材料中我尽量做到：一是搜集新的文献，新的文献会全面些、可靠些，反映新的思想；二是注意搜集新第一所材料，准确性高；三是搜集专家们观点一致的资料。"此时的我涨满了无由的幸福，夹着惊慌，乍然失重。我呆立半晌，喃喃地说：自己与晓弘老师的差距有点大。那时，月光清明如水，很淡很淡。

与"搜索引擎"进行对话需要用到"关键词"，它是属于自然语言的范畴，我们需要通过"搜索引擎"获得相关的结果。表面上认为，人类的自然语言构成了"搜索引擎"的关键词，但是"搜索引擎"决定了自然语言的使用，不能简单复制到"搜索引擎"的信息查找中。如何找到我需要的文献资料？我唤来了品德学科的娜青、晓弘、素珠三位老师为我"把脉"，娜青老师忽闪着明亮的眼睛，不假思索地说："确立'关键词'是关键，这样才能在较短时间内找到我需要的相关资料，你课题的题目是《小学品德与社会运用地方课程资源的课例研究》。"关键词就是'地方课程'。地方课程又称地方本位课程，是指地方各级教育主管部门根据国家课程政策，以国家课程标准为基础，在一定的教育思想和课程观念的指导下，根据地方经济、政治、文化的发展水平及其对人才的特殊要求，充分利用地方课程资源而开发、设计、实施的课程。我话锋一转，试探着说："用不同搜索方法能搜索到不同的结果，为什么？"我平静中透着焦虑。晓弘老师自顾低头想了起来，素珠老师眼睛眨巴眨巴，毫不迟疑道："核心问题在于关键词的选择不同。"搜索引擎依照不同的标准可以有不同的划分，可以依据语言要素大小、关键词的使用频率、关键词的属性特征和不同的文件类型等。 晓弘老师把目光移向我，缓和了一下口气说："关键词的选择要注意：一是专业性，即这个词很精的，能简化你的搜索结果，二是有代表性，也就是这个词有代表意义，它包含在你所需的网页内，以免有用信息被遗漏。三是可以通过要实现的研究目标来寻找关键词，四是从子课题的题目或论文的小标题来确定关键词。"我洋溢着兴奋的笑容，赞许道："谢谢几位同学的友情赞助，我思路清晰了许多！"

我们的学习生活按部就班。慈眉善目的单中惠、德高望重的金忠明、口若悬河的胡东芳等名教授一一给我们上课，他们治学严谨、积淀深厚，同学们都有"拨开云雾见天日"的感受，在金忠明教授的指导下，我认真撰写《基于学生成长共同体的〈品德与社会〉地方课程资源课例研究》课题的开题报告。在撰写研究综述的过程中，我通过网络搜索引擎——"百度"查到了它的内涵：研究综述是在充分搜集、阅读、分析与相关的文献资料的基础上，充分研究该领域的研究主题，对该主题国内外的研究进展、现状进行梳理，科学系统地分析优缺点，得出自己的结论。"研究综述"内涵搞明白了，但国内外对课程资源和学生成长共同体的课例研究取得怎样的成果，我要怎样做一个比较系统的分析和梳理呢？我在"乱花渐欲迷人眼"

中百思不得其解？

那天，我和同学们一起来到 516 教室晚自习。环顾四周，同学们都在聚精会神地思考课题，有的托着下巴冥思苦想，有的在纸上字斟句酌，还有的着急得抓耳挠腮……忽地"OK"一声响起，我循声而去，寻觅声音的来处，不觉犹可，一觅大吃一惊，李鹏同学喜出望外地告诉同学，他《用耳朵学数学》的课题已经撰写完成！许多同学托着头，脸色凝重地望着李鹏同学，希望心中有即时的灿烂。我垂头丧气，喃喃自语："我研究综述写不出来！"建奖同学见我憔悴的脸上现出一副不知所措的样子，闪着大眼睛，爱怜地对我说："我给你一盏灯，一盏光明的灯，到华师的图书馆去，"我倏地站了起来，像抓到救命稻草似的，急速来到华师图书馆。在去图书馆的路上，湖畔杨柳依依，湖水微波荡漾，假山依山傍水，淡淡的薄雾弥散在湖水的表面，于人一种迷离朦胧之美，真有"人在画中游"的感觉。我停下脚步，倚栏环顾，本想品赏一番但任务在身，只好轻声告诉自己：赶紧到图书馆查找资料。

于是，我心存疑惑地上了华东师范大学网上图书馆，输入关键词"课程资源""学生成长共同体"，哎呀！国外名家约翰·杜威、韦瑞特·查特斯、拉尔夫·泰勒、坦纳夫妇、理查兹和国内专家范兆雄、钟启泉、陈冬梅、陈月茹、吴刚平、张华、黄清等的研究成果一一展现在我眼前，我惊喜万分，身子微微颤抖起来，有一种越过山头的激动，我拿出笔记本如饥似渴地记录起来。通过阅读，我发现约翰·杜威的"教育就是生活"的理论与我的课题灵魂吻合，我课题的主旨在此。而约翰·杜威认为儿童本能的成长就是在生活中展开的，一切事物的存在都与他的生活环境息息相关的，学校教育不能脱离生动活泼的生活，教师不能过分依赖教科书，应该把学生的生活场景作为教学的主要内容。我思忖着：这"生活场景"不就是学生的"生活"吗？生活正是品德与社会课程的基础，我的课题就是要在通过学生成长共同体研究开发和利用地方课程资源啊？我掩面窃喜。韦瑞特·查特斯是第一代课程理论家的杰出代表，一生勤于笔耕，在课程理论与实践上贡献很多。他把人类的基本活动单位当为课程编制的内容，弥补了学生的生活内容。我还高兴地发现"现代课程论之父"、美国著名课程论专家拉尔夫·泰勒的"课程资源"理论阐述到位，他提出了课程的三个来源，对学习者本身的研究、对校外生活的研究、对学科专家建议等，他强调了课程资源与学习动机、领悟目标、课业负担等关系密切。

我还知道了国内专家范兆雄和他《课程资源论》一书，他从分析课程资源构成要素入手分析"三级课程"的管理体系，强调教育主管部门做好课程资源的普查、筛选与建设的重要性。他运用系统分析理论对课程资源的系统进行研究，认为课程资源系统有物质与非物质两个系统，课程资源是可能进入课程活动的，可以直接成为课程的内容。物质系统分为人力物质系统和物力资源系统。钟启泉教授认为课程改革是教育创新的途径之一，需要"概念重建"，教师要有课程创新意识，要有新的知识观。教师的知识经验基础厚实才有知识的建构过程和知识的协同本质。他强调教材与课体对话、与自己对话、与他人对话，教师的课程意识要回归带课堂文化的重建。

漳州师范学院黄清教授指导硕士研究生万文佳完成了《闽南地区义务教育阶段课程资源开发研究》论文，本论文从课程资源的角度出发，将闽南地区作为研究对象，通过对闽南地区文化的分类整理，结合闽南地区课程资源开发的现状，从理论层面进行了课程开发的尝试，想构建出有自己特色的闽南地区义务教育阶段课程资源模式。本论文提到的闽南地区地方课程资源编写说明，分为"教材板块设计"和"教材编写体系"。其中的"教材板块设计"有11个专题，选择为教材内容的都非常"闽南"味，闽南文化底蕴丰厚，有散文、歌谣、诗歌以及科技作品等，都是学生喜欢的内容。教材内容设计独到，有专题提示、课前导读、图片展示、相关阅读、课后思考、课外探究等相关的多个板块，知识丰富、生动，有利于增强学生对家乡的认知。《闽南地区义务教育阶段课程资源开发研究》论文与我研究的内容角度不同，但是有许多的相似之处，我细细品读。

一天、两天、三天……到图书馆学习已经成了我当时的重要任务之一。几天下来，我整理了近3万字的学习笔记，此时的我，忐忑不安的心情已经荡然无存，脸上有了春色，看着窗外的丽娃河是那样的舒心惬意，我甚至感觉丽娃河边的垂柳都在向我点头。

上海长风公园是同学们锻炼身体的场所，更是同学们迸发智慧火花的地方。一天黄昏后，我正在长风公园松竹梅区慢跑。此时，斜阳已经下山巅了，残阳如血，霞云如火，给雪松、小竹、腊梅等岁寒三友镀上柔和的胭脂红色，我隐隐约约看到青枫岛的缕缕金色。不久，我听到远处传来熟悉又急切的声音，热情大气的素珠同学乐呵呵地呼叫我："闽南文化研究院有许多研究成果与你的课题有关系，这本书对你的课题有很大的帮助。"说着，递给我《闽南历史文化概说》，这真是锦上添花啊！我坐在公园的小椅子上如饥似渴地翻阅起来，我发现闽南文化研究院主要研究方向和领域有：闽南家族文化研究方向、东南海疆文化研究方向、闽南方言文化研究方向、闽南民间信仰研究方向、闽南民间艺术方向等，我兴趣于闽南方言文化研究方向和闽南民间艺术方向的研究成果。陈支平教授认为：闽南文化是中华文化的重要组成部分，有浓厚的地域性和闽南乡土气息。它是闽南人的文化符号、文化收藏，是维系闽南人亲情的纽带。在品德课堂链接闽南文化，成为孩子们成长中不可缺少的知识构成、心理认同，有利于绵延闽南人心中难于割舍的血缘、亲情。长期以来，闽南文化资源的开发主体中，主要依靠少数专家的现象，出现了教师、家长、学生、社会缺位的现象，我们的闽南文化课程资源的开发处于较低的水平，这是我们所面临的一个新课题。

回到宿舍，直爽的我立马向李鹏和建奖同学报告我已经搞定课题的研究综述。睿智大气的李鹏不假思索地丢了话："通过网上图书馆、搜索引擎查找远远不够，你还要仔细阅读他人的参考文献，从文章中所列的参考文献中发现新的线索，再扩大查找对象，在几篇文章中都提到的篇目，具有的参考价值就高，它们一般不会忽略该研究领域的主流。"我愣了片刻，眼前又蒙上了一层忧愁的面纱，对课题研究到位的建奖同学不忍我愁眉苦脸的样子，从书柜里拿出了《教育研究方法》《中国近代科技教育思想研究》《中外教育史汇通》《校本研究与科研基本功》《新课程实施难点与教学对策》等书籍，用命令的口吻对我说："老兄啊，请你看看这几本书的参考文献，从中提取有价值的线索"！我如获至宝。此后几天，我脑海里浮现了赵处长慈祥的笑容，耳边响起了他"晚上12点前不能睡觉"的教诲，如同一只饥饿的小羊闯进芳草嫩绿的草地贪婪地读那几本书。我边读边记，笔尖下经常有源源不断的泉水流出来……我从几本书追踪关键文献，找到了越来越多的相关文献。在众多"重点"

文献中找到了专家们对校本研究的阐述。专家们认为：教师个体、教师群体、研究人员是校本研究的三个核心要素。校本研究强调教师个体在反思的同时，开发自己，加强教师之间在课程资源实施中专业切磋、协调与合作，共同分享经验，共同成长。同伴互助与合作是校本研究的标志，我眼睛一亮，这不是我研究的课题的灵魂吗？我本课题的研究也要引导教师、学生、家长自我反思，同伴互助，专业引领。如此这般，才能体现学生成长共同体的作用，才能有效地整合厦门地方课程资源，为教育教学服务。

金忠明、吴刚平教授是我敬仰的专家，他们著作颇丰。金忠明教授的《基于反思和案例的小学教育改革》《中外教育史汇通》《教师教育的历史、理论与实践》等专著我都拜读过，他的《教育十大基本问题》是 2009 年中国有影响力的 100 本书之一。吴刚平教授在课程资源、课堂教学、教师发展及校本研究等方面的研究成果丰硕。我拜读过他的《课程资源与课程管理丛书》《学校课程管理实务》等著作。我利用检索性工具书《中国出版年鉴》，从字词句索引中了解到了金忠明、吴刚平教授对课程资源的最新研究成果。温热的感觉迎面而来，我随即露出灿烂的笑容。金忠明教授《名师智慧与课堂教学质效的提升策略》演讲稿中提到：要深化各教学要素内部的动态平衡关系。学生要在具体的情境中通过自主的活动体验得到有意义的知识，教学的过程实际上是学生与学生、教师与学生、师生与学习内容之间的对话过程，即学习者与客观事物、学习伙伴和自己的对话。学习者通过这三种对话实践，建构对客观世界、人际关系和自己人格的认识，从而让"制度课程"进入"教学课程"，最终实现课程发展与教学创新的统一。原来如此，我所真心期盼的教学要素动态平衡关系是这样的。

我顿了片刻，手指继续敲打着键盘，眼睛热烫，心中滚烫，咧着嘴笑了。我又找到了吴刚平教授的新课程资源理论。2010 年，吴刚平的校本课程开发与实施课题在"全国基础教育课程改革教学研究成果奖"评选中获一等奖。吴刚平博士认为，除了知识与技能外，过程与方法，情感、态度、价值观的形成是形成课程目标的诉求。单靠"教教材"很难实现课程目标，必须要用新课程资源理论来支撑、武装教师。无论是课程管理、教材编制、课程评价还是教学方法的改变，都要有课程资源的意识与策略，要引导广大教师合理地开发和运用地方课程资源。

宝剑锋从磨砺出，梅花香自苦寒来！在教授和同学们的帮助下，我网罗名家对课程资源和学生成长共同体的研究成果，也对他们研究的不足有个整体的把握，课题研究综述终于完成！我胸中顿时一片清朗，我看到了太阳正在丽娃河孤独的角落露出脸来，好美好美！

丽娃河倒映着我来往于宿舍、图书馆、教室匆匆的身影，见证着我潜心钻研课题、撰写论文，渴望成长的场景……

第二节 乘风破浪会有时

在回眸中反思，在期盼中奋进。在 2013 年的第二个月，我捧着感恩的心，怀着奋进的激情，盘点在华东师范大学培训的收获，体会时间流逝中的那些生命感动，也在播种新年希望的种子。

今年今月此河边，人面丽娃相映红

没有梦，就没有希望和憧憬；没有梦，就没有追求和奋斗。华东师范大学是国家"211工程""985工程"重点建设的高水平研究型大学，与上海交通大学、同济大学、复旦大学、并称上海"四大名校"。到华东师大学习是我的多年梦想，我的梦想在2012年12月24日实现了。

2012年12月24日，在众人的期盼中，伴着瑟瑟寒风，厦门市第四期小学专家型教师培养培养对象空降上海华东师范大学中山北路校区。华师大面积似乎很大，大学生们不停在校园里来回穿梭，经常可以遇见各种肤色的留学生，相视一笑，算是招呼。中山北路校区环境幽美，被誉为远东最美校园。离校门不远，可见一造型典雅的白桥。桥的两侧是清清的丽娃河，她是华师大的母亲河，是华师大的灵魂，她承载了华师大深厚的文化底蕴，记录了一代代华师大学子的轻快的笑声，赤胆的表白，远大的理想……站在桥上，四周美景令人陶醉：只见湖水微波荡漾，假山倚山傍水，湖畔杨柳依依，淡淡的薄雾弥散在湖水的表面，于人一种迷离朦胧之美，真有"人在画中游"的感觉。我心旷神怡，既得意也忘形。我停下脚步，倚栏环顾，轻声问自己：你的梦想还在吗？问问自己，到底想要过一个怎样的教育人生？

一个月的日子里，同学们在河畔的情景历历在目。同学们或细心揣摩于李鹏同学的《用耳朵学数学》课题，或凝神深思于晓弘同学《品德学科历史题材策略研究》课题，或触类旁通于玉真同学《生活化英语作业的设计策略》课题、或恍然大悟于曾巍同学的《玩中学的运动处方》课题……每一次的思维碰撞总能拨动同学们的心弦。丽娃河倒映着同学们来往于宿舍、图书馆、教室匆匆的身影，见证着我们潜心钻研课题、渴望成长的场景，更回荡着同学们互助友爱的欢歌笑语。

问渠哪得清如许，为有源头活水来

我在华东师范大学学习期间，感受到上海发展的先进性和国际性，感受到教育理论与教育理念的多元性和前瞻性，一直被吸引，一直被震撼，一直被感动！一个个睿智教授的形象经常浮现在我眼前。这些著名教授的讲座，或深刻，或睿智，或沉稳，或思辨，无不滋润着我的心田。专家们以鲜活的实例、丰富的知识内涵及精湛的理论阐述，使我们的教育教学观念发生了很大的变化，更重要的是我们从专家们的身上学到了做学问和做人的道理。他们的讲座折射出一种责任：国家昌盛，系于教育；教育昌盛，系于我身。他们的阐述中表现出一种风范：不能文章小而不规范；不以孩童小而不教之；不以世事而弃研修；不以家事烦而怠育人！在这里，我的心灵得以净化，人格得以升华。

胡东芳教授帅气睿智，他的《新课程背景下学校教科研及论文发表的实用策略》讲座精彩万分，给我留下深刻的印象。他强调行动研究，为了"行动"的研究，要突出校本研究，基于学校实践，在学校研究。胡教授所讲的十大秘诀分为两类：巧练内功五秘诀；苦练外功五秘诀。内功五秘诀是：学会"骄傲"；学会"抄"；学会为我所用；学会"小题大做"；学会创新。外功五秘诀是：刺激编辑的眼神经——标题要语不惊人死不休；读透编辑的心——投稿一定要已所不欲，勿施于人；减少编辑的麻烦——写作要从编辑的角度进行；投编辑所好——关心时代热点；坦陈文章的研究层次。胡东芳教授的讲座有三个特点：一是他似乎完全了解我们需要什么，想学到什么，什么东西是我们一线老师最需要的，所以他的讲座针对性强、非常实用；二是他明白到了一定年纪的我们喜欢听什么，所以他讲得极其生动有趣，使我们听得如痴如醉。三是他充分运用丰富的学识和经历，举了许多我们感兴趣的、熟悉的例子，每个例子真实可信，特别有说服力。

华师大教授、香港大学博士王建军《研究型教师的素质及自我成长途径》的讲座让我眼睛一亮。他主要从两个方面阐述：教师专业发展的理智取向和反思取向。每位教师都是有着个人历史、社会关系的"丰富的人"，教师的观念和行为与他个人的成长历史密切相关。自己的体会、个人的经验，会影响知识转化为个人的行动。思想上可以受到影响，但实践上很难改进。真正的专业知识是根植于教师日常实践的那些真正指导教师专业行为的知识，它有很强的个性色彩，但不易清晰、自觉地认识到。很多老师根本不看专业论著或期刊，但教育照样做得很好。原因就是这些理论知识并不直接支撑教育实践。所以，真正的专业知识并不在专家的理论作品里，而是在自己的实践之中，表现为自己的每个细节。听其言，观其行。行动的表现才真正体现真实的状态。这些专业知识，存在于每个人的身上，并不外现，改变起来非常困难。老师不能高高在上，而要拉近与学生的距离，让学生愿意亲近一个老师，相信一个老师，才能让学生认真地听讲。老师个人的教学方式决定了一个学生在某个科目方面的未来成就，可见让学生喜欢老师的上课方式有多重要。在以后的教学中我也要不断地进行反思，让自己的教学水平上一个新台阶。

单中惠教授《在世界范围内寻觅现代教育智慧》讲座中强调处理好八大关系：教育与生活、学校与社会、儿童与生活经验、做中学、思维与教学、教育与职业、教育与道德、儿童与教师等。他着重简析建构主义，认为建构主义学习理论的出现使教育心理学发生了一场革命。建构主义学习理论认为学习是不断探索、主动建构的，教师是研究者、课程发展者。现代建构主义知识观强调在学校、家庭和社会的有机联系之中，创建一种开放的、浸润的、积极互动的学习文化，以提高学生学习积极性，增强知识的弹性，促进知识的远迁移。现代建构主义学习观倡导学生在生活经验基础上进行建构性学习，并要求赋予学习的个人意义。建构主义课程观重视课程与教学的改革应基于学科，超越学科，面向真实世界；始于课堂，走出课堂，融入复杂社会。建构主义教学观强调创设具体挑战性和开放性的学习环境与问题情境，提倡自主、探究、合作的学习方式。

金忠明教授的《中国近现代教育家的理想与追求》讲座针对性十足。他强调教师要有"一个中心，三个支撑点"。教育旨在人本，一切为了人，一切为了人的发展，一切为了人的幸福。以教育为中心（人的发展，幸福为中心）以市场经济、宪法政治和多元文化为三个支撑点的新教育价值观正呼之欲出。他告诉我们优秀教师成长因素：关键时期、关键事件、关键人物、关键书籍和关键个体。读书、学习、反思及实践的习惯是影响教师一生发展的关键性因素。

哈佛教育学博士王涛的《国际视野下的教师专业发展》讲座

则国际味道浓厚。他深入浅出地分析了教育的内涵。教育需要毅力、细心、耐心，要用感恩的心态与孩子交流；教育要先进入孩子的世界，当你用孩子的语言进入孩子的世界后，孩子是没办法拒绝与你交流的。改变的不只是孩子的行为，而是塑造了孩子的心灵。爱要有规矩，做不到时要从孩子的角度分析原因；做到时，及时奖励孩子，让孩子感受到成功。一个个的规矩做下来，会改变孩子的一生。

席局哲在《师生沟通艺术》的讲座中告诉我们"罗森塔尔效应""晕轮效应""标签效应"的理论。他认为中国的孩子被过度教育了，在某种环境下，某个学习领域，可能有些孩子你是教不好的，但我们不是要放弃差生，而是要引导他们找到自己的路子。学习成绩有 50% 是被基因决定的，先天的因素非常重要。精英的教育是不合时宜的，这只是副产品，个别化指导，才是精英教育本质的东西。有效的沟通，是在科学认识群体的心态。只有这样，才能教好学生。

王意如教授在《教师的职业定位和专业发展》讲座中提出三个关键词。"自主"如何提高学生的积极性——给学生一定的权利，自我调控；"合作"是合作学习，也是一种人际交往；"探究"是学习方式精神状态，是学生获得发展的重要途径。

上海市新中高级中学徐阿根校长以自己的经历让我们明白名师成长的六要素：内驱力、个性的倾向、教学敏感性、理论学习、反思目的、团队合作意识。

宝剑锋从磨砺出，梅花香自苦寒来

胡东芳教授在《示范性开题》时，提到这么一个问题：苹果里有什么？我们可能会说，苹果里有核，有种子；还有果肉，水分，糖分；还可能有条虫呢；还有维生素呢……其实这些众人皆知。研究不是告诉别人众人皆知的事情，而是告诉别人绝大多数人不知道的事实。胡教授接着讲了一个故事，一个五岁的外国小朋友，他拿起刀，横着把苹果切开，惊奇地发现苹果里有美丽的"星星"！这一故事告诉我们要变换思维方式，抛弃思维定式！其实研究需要时不时横切苹果。

我深受启发，决定从"学生成长共同体"的角度确定课题。成长共同体的向心力的形成就是一股强大的无形力量，会对每一个学生的个体发展起着巨大的潜移默化的教育、激励和制约作用。学生所学到的知识并不全是从教师那里学到的，有很多是从其他人，包括同龄人身上获取的。学习共同体作为这样一个合作、相互依赖、共同发展的系统，对于老师、学生、家长的共同成长有不可替代的促进作用，是学生获得健康持续成长的保证。在金忠明教授的启发指导下，我确定了"小学《品德与社会》运用地方课程资源的课例研究——基于学生成长共同体的视角"的课题。我想发挥老师的主导作用，调动家长、学生、甚至社区力量进行厦门地方课程资源课例研究，力图走出有自己特色的厦门地方课程资源课例研究开发途径。

30天的日子里，同学们说出最多的词语就是"课题"，许多同学已经到了废寝忘食的地步。我品读三本专著，五上图书馆查找资料，倾心听取同学们的意见，虚心请教3位教授。从课题的题目、目标、意义、研究综述、案例研究策略等方面入手，七次修改稿件。教授点评的每个场景我都录下，回宿舍时细细品味。这是我从教 20 多年来写的最规范的课题开题报告。压力能够化为动力，我要通过两年以课题研究为载体的研修，优化自己的认知结构和思维品质，拓宽专业视野，升华专业境界，建树个人风格，全面提高自己的教学与科研的综合素养，真正成为"专家型教师"。

路漫漫其修远兮，吾将上下而求索

太阳总在有信念的地方升起，月亮也总在有信念的地方朦胧。走出屋子不一定能见到晴天，但也不能因为持久的阴雨而否定天空的蔚蓝啊。信念是永恒的微笑，使你的心灵永远充满激情，人生是一次有限的单程旅行。没有奋进那都是空谈！生命的价值在于无限的奋斗！奋斗的力量是不可估量的。我们是专家型教师培养对象，应是"师德的表率、育人的模范、教学的专家、科研的能手"。这是一个厚积薄发的过程！

"理论学习"是现代人的第一需要，是每位教师的人生必修课。从某种角度说，学会学习已经成为现代人的生存和发展基础。我们要学会学习，在博览群书中思考、积累，丰富自己的知识和思想，拓宽文化的视野，提高思想的高度，加强思维的深度和广度。我们要远离平庸和浮躁，真正成长起来，成为学生心理健康的维护者，精神生活的指导者，让学校和教师的管理更有效，教育更成功、更有智慧，更加人性化。

"课题研究"是我们专家型教师培养对象的重点培训内容。我要强化问题意识、创新意识、对象意识、范围意识、方法意识，认真做好"小学《品德与社会》运用地方课程资源的课例研究"课题研究。拟解决的关键问题是学生需求角度、地方课程资源有效利用、地方课程资源教育价值等。我要通过相关理论研究，进一步探明地方课程的内涵及相关概念，为地方课程资源的课例研究奠定理论基础。我要挖掘本地相关课程资源，配合国家课程改革形势，使这些资源更好地服务于学校教育，促进学生的发展。通过理论与实践相结合的实证研究，探索地方课程资源课例研究有效途径、方法；建构具有地方文化特色的研究性课程体系，增强教师的课程意识与开发课程的能力；引导经历寻找与探究地方文化的过程，增强学生对家乡的了解与认同。

"导师指导"是名师成长的重要通道。金忠明是华师大德高望重、知识渊博的教授，我要虚心求教，注重自我教育、自我管理、自我学习、自我研究、自我实践，提高自己教育科研与教育教学能力。在实践中进行总结、提炼，在研究过程中学会研究，着眼于自己在学科与课堂教学中实施素质教育的能力，加强理论指导和教学实践的能力，善于发现和掌握教学规律，善于反思性地总结，增强创新能力，最终促进自己研究成果即论文的产生。

领导的谆谆教诲，是一首首催人奋进的歌；专家们的全心引领，是一阵阵催人奋进的号角；同学的倾情相助，是一股股沁人肺腑的暖流。上海一幅幅、一帧帧不能忘却的画卷，将引领着我默默地前行，去追寻我生命中的那份纯真，追寻那永远属于我的那份无悔忠贞。

参考文献

[1] 孙丽萍．小学低年级品德与社会学科中人文素养的培养 [D]．华东师范大学,2008.

[2] 徐捷．家庭教养方式对小学生人文素养形成的影响及思考 [D]．广西师范大学,2004.

[3] 谭宏平．小议小学语文教学中人文素养的培养 [J]．剑南文学（经典教苑）,2013（07）.

[4] 赵磊．当代大学生人文素养的内涵与提升 [J]．重庆大学学报（社会科学版）,2003(02).

[5] 钟启泉．现代课程论「M]．上海：上海教育出版社,1989.

[6] 廖析勋．课程学「M]．武汉：华中师范大学出版社,1991.

[7] 施良方．课程理论——课程的基础、原理与问题「M]．北京：教育科学出版社,1996.

[8] 叶立群．课程教材改革探索「M]．北京：人民教育出版社,1997.

[9] 陈玉棍．课程改革与课程评价「M]．北京：教育科学出版社,2001.

[10] 钟启泉，崔允，张华．基础教育课程改革纲要（试行）解读「M]．上海：华东师范大学出版社,2001.

[11] 黄显华，霍秉坤．《寻找课程论和教科书设计的理论基础》[M]．北京：人民教育出版社,2002.

[12] 威廉 F. 派纳等著，张华等译．理解课程（上、下）[M]．北京：教育科学出版社,2003.

[13] "中小学校本课程资源开发的研究和实验" 课题组编著 [M]．北京：人民教育出版社,2004.

[14] 李定仁. 西北民族地区校本课程开发研究 [M]. 北京：民族出版社，2006.

[15] 江毅夫. 闽台缘与闽南风——闽台关系、闽台社会与闽南文化研究 [M]. 福州：福建教育出版社，2006.

[16] 金忠明. 如何走出厌学的误区 [M]. 华东师范大学出版社，2007.

[17] 孟凡丽. 多元文化背景中地方课程开发研究 [M]. 北京：中国社会科学出版社，2008.

[18] 土鉴. 课程论热点问题研究 [M]. 桂林：广西师范大学出版社，2008.

[19] 杨艳艳. 国外课程改革政策及其价值取向 [M]. 杭州：浙江大学出版社，2010.

[20] 苏君阳. 国家中长期教育改革和发展规划纲要 [M]. 北京：北京师范大学出版社，2010.

[21] 李素梅. 中国乡土教材擅变及其文化功能考查 [M]. 北京：民族出版社，2010.

[22] 胡东芳. 教育研究方法 [M]. 上海：华东师范大学出版社，2011.

[23] 少聪. 闽南地区的海洋民俗 [J]. 中国社会经济史研究，1994，（4）.

[24] 吴刚平. 课程资源的开发与利用 [J]. 师范教育，2002，（2）.

[25] 徐学俊. 关于地方课程资源开发与优化配置的思考 [J]. 课程与教学探索，2002，（11）.

[26] 林从华. 闽台传统建筑文化比较 [J]. 福建工程学院学报，2003，（1）.

[27] 成尚荣. 地方课程竹理和地方课程开发 [J]. 教育研究，2004，（3）.

[28] 土鉴. 我国民族地区地方课程开发研究 [J]. 教育研究，2006，（4）.

[29] 黄明珠. 闽南民间舞蹈"横摆"——动律特征及其源流初 [J]. 探舞蹈理论基础与跨学科研究，2008，（2）.

[30] 汤漳平. 对闽南文化形成期的几点看法 [J]. 福州大学学报学报，2008，（2）.

[31]土建虎，潘伟民．地方课程资源概念的厘清［J］．毕节学院学报，2010，（3）．

[32]陈耕，周长楫．《闽南方言文化》[M]，厦门音像出版社，2009年版．

[33]钟启泉等．《为了中华民族的复兴，为了每位学生的发展》[M]，华东师范大学出版社，2001年版．

[34]许爱英．小学德育中的优秀传统文化及其渗透［J］．学周刊，2018(02)：54－55.

[35]许艳玲．小学德育中的优秀传统文化及其渗透［J］．教学与管理，2017(05)：10－12.

[36]王艳成，刘洋．中国传统文化融入高校德育工作方法研究综述［J］．商丘师范学院学报，2017,33(01)：98－100.

[37]查玉瑶．中华优秀传统文化融入大中小学德育课程的衔接性［J］．现代教育论丛，2016(02)：7－8+10－11.

[38]叶鑫．传统文化与德育的内在契合［J］．皖西学院学报，2015,31(06)：34－37.

[39]蒋国．谈小学品德与社会的实践教学［J］．学周刊，2020(02)：62.

[40]鲁成栋．浅析生活化教学模式在小学品德与社会教学中的构建［J］．学周刊，2020(03)：88.

[41]殷丽霞．浅议新课改背景下小学思想品德生活化教学的实践与思考［J］．课程教育研究，2019(50)：77.

[42]高峻明．探讨小学品德教学中渗透社会主义核心价值观的教学策略［J］．学周刊，2020(01)：55.

[43]李永山．情感教学在小学思想品德教育中的应用研究［J］．学周刊，2019(35)：52.

[44]张聪．党史教育：思想政治课的重要使命［J］．天津师范大学学报（基础教育版），2021,22(02)：1－5.

[45] 王慧. 寻访身边的红色印记——将广州红色资源引入道德与法治教育初探 [J]. 求知导刊, 2020(16): 83 — 84.

[46] 任欢欢, 刘志宽. 党史教育在思政工作中重要价值研究综述 [J]. 教育评论, 2020(03): 95 — 100.

[47] 将红色教育进行到底——伯阳小学红色教育特色介绍 [J]. 东北之窗, 2019(Z7): 75.

[48] 李晓娟. "不忘初心、牢记使命"视域下的思政课党史教育 [J]. 辽宁警察学院学报, 2018, 20(04): 116 — 120.

[49] 王学俭, 施泽东. "大思政课"的科学蕴意和实践理路 [J]. 现代教学, 2022(08): 1.

[50] 叶碧玉. 初中思政课开展"大思政课"教育的实践探索 [J]. 考试周刊, 2022(02): 135 — 138.

[51] 李吉林. 教学情境的创设 [M]. 北京: 人民教育出版社, 2004 年.

[52] 张芹. "体验式"教学法在小学品德教学中的应用分析 [J]. 学周刊, 2018(21): 118 — 119.

[53] 宋化芹. 谈情境教学法在小学品德中的应用 [J]. 读与写(教育教学刊), 2018, 15(06): 199.

[54] 王晓梅. 农村小学《品德》课程的教学问题及应对策略 [J]. 湖南第一师范学院学报, 2017, 17(03): 21 — 25.

[55] 孙洪侦. 农村小学"品德"教学存在的问题及对策 [J]. 教育观察(下半月), 2017, 6(03): 130+144.

[56] 王秀荣. 小学品德教学当中需要关注的问题分析 [J]. 学周刊, 2016(26): 71 — 72.

[57] 李政林. 7 — 9 岁儿童道德判断能力发展特点及培养策略 [D]. 东北师范大学, 2018.

[58] 黄明理, 吕林. 泛道德化批判论析 [J]. 马克思主义研究, 2012, 12: 91 — 98+154.

[59] 曹天航 . 意识形态话语权维度的网络道德批判问题研究 [J]. 河海大学学报（哲学社会科学版），2017, 1901：8 － 13+88.

[60] 祝叶飞 . 新时期中国共产党道德教育的演进、经验和改革研究 [D]. 上海师范大学，2015.

[61] 戴岳 . 找回失去的"道德自我" [D]. 西南大学，2009.

[62] 李凤玉 . 道德批判能力的培养：学生道德教育长效性的突破口 [J]. 百色学院学报，2006, 05：119 － 121.

[63] 廖光华 . 走向道德的批判学习：批判思维的意蕴及其培育 [J]. 福建教育，2020, 30：40 － 42.

[64] 严翅君 . 思想道德建设重在培育主体的道德能力 [J]. 中国党政干部论坛，1997, 04：8 － 9+16.

[65] 张晓兰 . 青年学生社会主义核心价值观培育研究 [D]. 曲阜师范大学，2016.

[66] 范纯琍，秦小莉 . 论道德自觉及其培育原则 [J]. 江汉大学学报（社会科学版），2015, 3204：113 － 117+127 － 128.

[67] 张茂一 . 显性教育与隐性教育相统一：构建思政"金课"的大格局 [J]. 现代教育科学，2019(07)：140 － 145.

[68] 张星 . 发挥隐性教育优势　深化思政教育改革 [N]. 贵州日报，2019 － 06 － 19(011).

[69] 巩茹敏，林铁松 . 课程思政：隐性思想政治教育的新形态 [J]. 教学与研究，2019(06)：45 － 51.

[70] 杨洲 . 隐性教育在高校思政工作中的运用探讨 [J]. 农家参谋，2019(09)：167.

[71] 陈欣苗 . 高校思政课视域下传统文化的隐性教育研究 [J]. 现代交际，2019(06)：168 － 169.

[72] 孙艳丽 . 高校隐性思政教育资源开发运用的途径 [J]. 才智，2019(05)：29.

[73] 孙玉富．践行生活化教育，打造品德生态课堂——小学品德课的实践与探讨 [J]．文教资料,2013,27：141 － 142.

[74] 王晓华．小学品德生态课堂教学中的开放性与生活性实践 [J]．课程教育研究,2014,30：167 － 168.

[75] 邱凯祥．践行生活化教育，打造品德生态课堂 [J]．教师,2015,34：73 － 74.

[76] 王小芳．构建生态教学课堂，促进思想品德有效教学 [J]．新课程（教育学术）,2012,02：67 － 69.

[77] 张茂聪．品德与社会课堂教学建构的几个核心问题 [J]．课程．教材．教法,2007,07：50 － 54+87.

[78] 王晓华．构建品德与社会学科的生态课堂例谈 [J]．新课程学习（中）,2014,05：20 － 21.

[79] 雷继德．小学教师如何构建品德与社会生态课程 [J]．新课程（小学）,2014,11：18 － 19.

[80] 梁思存．让小学生成为课堂的主人——小学《品德与社会》的多彩课堂 [J]．科技创新导报,2015,01：104 － 105.

[81] 黄肖娜．浅析小学品德与社会课的生态文明教学 [J]．广西教育.2013(45).

[82] 李中华．培养学生良好行为习惯 为学生终身幸福奠基 [J]．现代阅读（教育版).2013(02).

[83] 王洁．学校环境道德教育研究 [D]．华东师范大学.2006.

[84] 郭佩惠．生态文明融入高校思想政治理论课教育教学的思考 [J]．西南林业大学学报（社会科学）,2021,5(01)：1 － 5.

[85] 王森浩，贾美艳．高校思政课中生态道德观培养的有效路径探索 [J]．锦州医科大学学报（社会科学版）,2020,18(01)：91 － 93.

[86] 冯淑慧．让生态文明理念扎根大学生思想 [J]．人民论坛,2019(22)：128 － 129.

[87] 李静，秦名连．生态道德教育融入高校思政课的主要路径探析——基于贵州绿色发展的视角[J]．环境教育，2018(09)：62 — 65.

[88] 王明安，刘旭芳．高校思想政治理论课生态教育内容研究[J]．传承，2015(09)：70 — 71.

[89] 雷艳平．高校生态文明道德教育在思政课教学中的地位研究[J]．山东农业工程学院学报，2015,32(04)：186 — 188.

[90] 熊玉坤．五课联动：当前高校思政课加强生态文明教育的新探索[J]．黑龙江高教研究，2015(03)：142 — 144.

[91] 刘旭芳，王明安．高校思政课中生态道德素质教育探索[J]．山西高等学校社会科学学报，2012,24(11)：57 — 60.

[92] 宋妍，魏丹．小学学龄儿童生态道德教育路径探索[J]．黑龙江教师发展学院学报，2020,39(08)：68 — 70.

[93] 戴钰．生态道德教育公众参与问题研究[D]．东北林业大学，2020.

[94] 黄文胜．论新时代生态道德教育的理论视域[J]．中南林业科技大学学报（社会科学版），2019,13(06)：34 — 38.

[95] 李立坚．新媒体视域下高校生态道德教育路径创新探究[J]．延边教育学院学报，2019,33(05)：4 — 6.

[96] 王森浩，贾美艳．高校思政课中生态道德观培养的有效路径探索[J]．锦州医科大学学报（社会科学版），2020,18(01)：91 — 93.

[97] 史淑超．借助情境创设，提高小学生道德与法治教育效果[J]．文化创新比较研究，2017,1(09)：116 — 117.

[98] 江琴．小学生法治意识的培养策略——基于道德与法治课程[J]．名师在线，2022(28)：2 — 3+63.

[99] 陶君仪．略论小学道德与法治课程教学中学生法治意识的培养[J]．新课程研究，2022(08)：126 — 128.

[100] 徐荣梅．站在学生立场　渗透法治意识——以小学道德与法治课程教学为例[J]．格言（校园版），2021(24)：42 — 43.

[101] 蔡倩 . 基于儿童立场　渗透法治意识——小学道德与法治课程教学探究 [J] . 试题与研究 , 2020 (19) : 136.

[102] 江萍萍 . 刚性规则 , 柔性落地——例谈小学低年级"规则意识"的培养策略 [J] . 教学月刊 : 小学版（综合）, 2020 (1) : 3.

[103] 顾丽娜 . 如何培养规则意识为儿童公共生活奠基——二年级上册道德与法治教学感悟 [J] . 科普童话 , 2020 (24) .

[104] 徐翠银 . 由他律到自律的有效引导——以道德与法治三年级下册"生活离不开规则"为例 [J] . 安徽教育科研 , 2020 (21) : 2.

[105] 金怡 . 培养规则意识 , 为儿童公共生活奠基——以道德与法治二年级上册第三单元教学为例 [J] . 中小学德育 , 2019 (5) : 3.

[106] 赵淼淼 . 创设情境　培养儿童规则意识的探索——以《规则守护我们成长》一课为例 [J] . 中学课程辅导 : 教师教育 , 2019 (23) : 1.

[107] 吕佳美 . 寓学于乐践真知——浅谈如何于道德与法治课中用游戏教学培养学生规则意识 [J] . 新课程 : 小学 , 2019 (6) : 2.

[108] 胡东芳 . 教育研究方法 [M] . 上海 : 华东师范大学出版社 , 2011.

[109] 泰勒 . 课程与教学的基本原理 [M] . 北京 : 中国轻工业出版社 , 2008.

[110] 范兆雄 . 课程资源论 [M] . 北京 : 中国社会科学出版社 , 2002.

[111] 杜威 . 民主主义与教育 [M] . 北京 : 人民教育出版社 , 2001.

[112] 吴刚平 . 校本课程开发 [M] . 四川 : 四川教育出版社 , 2002.

后记

2006 年 10 月，是我教师生涯的一个新阶段，在金秋收获的季节，我参加了全国信息技术与课程整合思政类教学优质课大赛荣获一等奖。从此，我自信心得到提升，思政教学热情满怀，更加专注于思政课教学。我努力捕捉当代思政教师专业发展理论出现的新态势，从侧重教师的学科专业知识和技能发展转向关注教师的人文素养、教师的德性品质与职业情操、教师的人性发育和关怀伦理观的发展，形成了建构学科知识、提高教育技能与丰富教师的人文素养一体化的德性教师发展观。我进一步明晰道德与法治课程的性质所在，在教学中不断彰显其国家意志和育人价值，整体把握课程的"目标、内容、方法、评价"四个要素，真正实现对课程的理解，落实立德树人根本任务。

10 年来，我发表 CN 论文 21 篇，主持省市级课题 6 项，上省区市级公开课（讲座）45 节，数次送培送教下乡。本人先后获得厦门市思政学科带头人、厦门市思政学科专家型教师、区优秀思政教育工作者等荣誉称号。

醉过知酒浓，爱过知情重。现在，无论是学术还是做人，我都有着无穷的成长与快乐，今天个人专著几经修改，终于定稿，心里百感交集。为此，我要感谢鞭策指导我的福建省普教室高本光教研员，厦门市教育科学研究院李日芳教研员、潘诗求教研员、郭淑雅教研员，思明区教师进修学校章建兵教研员，集美区杨娜青校长。他们是我的良师益友。在他们身上，我看到了诸多优秀品质，他们严谨的学术研究态度令我感动，他们始终如一的包容、支持、信任和眷眷之心令我难忘！我将会永远珍藏在记忆里。